AF456890

LES INCONVÉNIENS DES DROITS FÉODAUX.

Par Boncerf. (Ouvrage brûlé en 1776)

par mon Exc. et ami
[illegible] Boncerf
ouvrage brulé en 1776 parce
quil contient des verités utiles au
peuple.

LES INCONVÉNIENS DES DROITS FEODAUX.

Inde mali labes. VIRG.

Ouvrage brûlé en 1776, en exécution de l'Arrêt du Parlement du 23 Février, les Chambres assemblées, les Princes et Pairs y séant.

Trente-deuxième Edition, pour servir à l'Histoire de l'abolition du Régime Féodal.

1791.

PRÉFACE HISTORIQUE.

Quoique le petit Ecrit que l'on réimprime aujourd'hui, ait eu un grand nombre d'éditions, beaucoup de personnes desirent le revoir et le demandent avec empressement, parce qu'elles le considèrent comme un monument historique qui marque l'époque ou les principes qui devoient entraîner la ruine du Régime féodal, ont été repandus et favorisés par l'effet de la persécution.

Il est bon de dire ici deux mots de l'origine de cet Ecrit et des circonstances qui en ont déterminé la composition, l'impression, la proscription et sa grande célébrité.

L'Auteur et ses amis, en faisant leurs cours de droit à Besançon, tenoient alternativement des conférences de droit, de littérature, et sur-tout de droit naturel et politique; ils embrassèrent, dans leurs méditation, presque toutes les matières qui ont depuis occupé l'Assemblée Nationale; tout ceci se passoit dans les années 1760 à 1764, et ils avoient dès-lors prononcé la nécessité d'une révolution. Leurs rapports avec Voltaire les affermirent dans leurs pensées; le procès du Montjura leur permit de développer leurs principes, et dans ce grand engagement, leurs méditations s'étendirent et embrassèrent la généralité du droit féodal et de ses monumens, qui leur fournirent de nouvelles bases et multiplièrent celles qui leur avoient servi.

M. Turgot, parvenu au ministère, chargea l'Auteur de ce petit Ecrit d'un travail sur la nature du Domaine et son aliénabilité, et de la recherche des formes et des moyens de l'aliéner. Ce travail fut imprimé lors de l'assemblée des Etats-Généraux.

Ce fut dans le cours de ce travail que l'Auteur eut occasion de donner à M. Turgot quelques pages sur le régime féodal; frappé de l'idée de l'abolir, il engagea l'Auteur à mettre par écrit ses vues, et de les rendre publiques, *afin*, dit-il, *d'aviser le public qu'il n'est pas bien.*

Cet Ecrit fut fait dans les deux matinées suivantes; M. Turgot engagea l'Auteur à le faire imprimer; il le fut effectivement, d'après l'approbation d'un Censeur et du consentement de M. le Garde des Sceaux, à qui le Censeur en avoit rendu compte suivant l'usage d'alors; quelques mois après, il fut dénoncé au Parlement par le feu Prince de Conty: l'affaire parut si importante que toutes les Chambres furent assemblées et les Princes et Pairs convoqués le 23 Février 1776; l'Assemblée fut complette, la séance longue, parce qu'il ne s'agissoit pas moins que d'infliger des peines corporelles à l'Auteur, au Libraire et au Censeur. Le Libraire fut mandé et interrogé en pleine assemblée; il se justifia en représentant l'approbation du Censeur et la permission du Garde des Sceaux; néanmoins l'Edition fut saisie, et, conformément au Réquisitoire de l'Avocat-Général Seguier, dont les talens oratoires et les principes sont si connus, l'Ecrit fut condamné à être brûlé par la main du Bourreau, ce qui fut exécuté en présence de Me. Isabeau. Cette vigoureuse réfutation ne parut point satisfaisante à l'Assemblée qui s'ajourna au lendemain pour prononcer sur le sort de l'Auteur et du Censeur. De cette seconde séance il résulta un décret contre le Censeur et contre l'Auteur; celui-ci reçut une lettre de cachet pour se rendre à Versailles, ce qui le dispensa d'aller subir un interrogatoire dont il ne seroit sorti que pour descendre à la Conciergerie. Il fut menacé de scellés dans sa maison et de l'annotation de ses biens; mais tout ce grand bruit se termina par la défense que fit le Roi, à la grande députation du Parlement, de s'en occuper davantage, en lui déclarant qu'il avoit lu l'Ouvrage, et que par un Arrêt du Conseil il avoit cassé celui du Parlement. Toutes les Villes et Provinces voulurent connoître l'Ecrit qui avoit occasionné tout ce bruit; il s'en fit quatre éditions dans la Brétagne seule; le Régiment du Roi en fit faire une à Nancy; il mit des factionnaires dans l'Imprimerie; l'Abbé Bexon fut le correcteur. A Lyon on imprima en marge le Réquisitoire et l'Arrêt; à Bar on y joignit le Livre des fiefs de Montesquieu; enfin ce petit Ecrit fut connu et tous ses principes adoptés; ils ont mis la Nation en état de demander, et l'Assemblée nationale en état de prononcer l'abolition du régime féodal. Voltaire ne garda point le silence dans cette circonstance; ce génie immortel, qui a tant contribué à préparer la révolution, écrivit un grand nombre de lettres à différentes personnes avec qui il étoit en correspondance, ainsi qu'à l'Auteur; elles sont imprimées dans la grande édition de ses œuvres; la plus étendue de ces lettres est sous le nom du R. P. Policarpe, Prieur des Bernardins de Chésery; on la joint ici, en déclarant cependant qu'elle fut faite sous les yeux de Voltaire par M. Christin, de St. Claude, actuellement Député à l'Assemblée Nationale, ami et convive habituel de Voltaire, et depuis son exécuteur testamentaire. On verra jusqu'à quel point il en avoit pris le style. Cet Ecrit, et plusieurs autres de la même main, ont été imprimés sous le nom de Voltaire, sans que le public se soit apperçu d'aucune différence de style. Bientôt on punit M. Turgot d'avoir des amis qui aidoient à repandre les bons principes, il fut renvoyé du ministère; l'Auteur fut dépouillé de toutes ses places; il se livra au desséchement des marais, il se réfugia dans l'eau en sortant du feu; il donna ses soins à la terre toujours fidèle à y répondre; il se consola ainsi, sans se plaindre, de l'injustice et de l'ingratitude des hommes. Ce Précis historique doit être terminé par un fait bien disparate.

En qualité d'Officier Municipal l'Auteur

se rendit au Palais, avec ses Collègues, le 14 Octobre 1790, et mit le scellé sur ces Greffes où étoit la procédure criminelle faite contre lui, et siégea sur les mêmes rangs, du haut desquels l'Ecrit avoit été condamné et sa personne décrétée.

AVERTISSEMENT
DE L'ÉDITEUR.

CETTE Lettre n'étoit point destinée à être rendue publique, on le sentira facilement à la négligence qui y règne ; mais comme le sujet qu'on y traite intéresse infiniment tous les sujets du Royaume, nous avons pensé que c'étoit leur rendre un service essentiel que de mettre à même ceux qui lisent, d'examiner cette matière sous le point de vue que l'Auteur l'a envisagé ; s'il ne s'est pas trompé, il présente un moyen de prospérité à la Nation, d'augmentation de richesses aux Seigneurs, de paix et de bonheur à tous leurs Vassaux. Il convient donc de le leur faire connoître : nous avions d'abord projetté de faire suivre cet Ouvrage d'une assez grande quantité de notes qui en auroient fait le développement, et en quelque sorte le supplément ; mais nous avons préféré de laisser chaque Lecteur diriger ses réflexions d'après ses propres connoissances ; nous avons donc restraint ces Notes à un petit nombre, qui sont placées au bas des pages.

LES INCONVÉNIENS DES DROITS FEODAUX, OU

RÉPONSE d'un Avocat au Parlement de Paris, à plusieurs Vassaux des Seigneuries de .... de .... etc.

JE vois, Messieurs, par vos différentes Lettres et Mémoires, que tous les inconvéniens du droit Féodal ont frappé sur vous. Plusieurs ont été poursuivis pour voir déclarer censables des terres qu'ils croyoient et possédoient comme allodiales; les uns ont été condamnés, et ont payé vingt-neuf années de Cens et des frais immenses; d'autres, sous d'autres coutumes, ont gagné leur procès, et cette victoire est devenue un titre pour le Fermier général, qui a prétendu le droit de Franc-Fief, disant que cet Aleu étoit noble; les bans à fauchaison, à moisson, à vendange, indiqués à contre-tems, ont fait perdre vos récoltes; les bannalités de Fours et de Moulins, ont occasionné des exactions, la perte de vos denrées, et celle d'un tems précieux. La bannalité de Pressoir dans cette année d'abondance et de chaleur, a mis vos vendanges dans le cas d'être gâtées, parce que les Pressoirs ne pouvoient suffire à toute la récolte, et que la chaleur précipitoit la fermentation, de sorte qu'une partie de votre récolte est aigrie. L'un de vous achete un fonds, il pense être libre en payant les Lods; il se trouve que ceux des mutations précédentes n'ont pas été acquittés, non plus que le Cens, il est condamné à payer tous ces droits, qui, avec les frais excédent la valeur de l'héritage; il a pour toute ressource un recours inutile contre des insolvables; les garennes dévorent vos semailles et plantations, les corvées enlèvent les momens les plus essentiels à vos travaux; vos moissons ont péri, parce que vous aviez mis plusieurs jours à faire celles des Seigneurs, etc., etc. (1).

(1) On n'a pas voulu extraire toutes les Lettres de ces Vassaux, ni tous les objets qu'elles embrassent,

Vous demandez d'où viennent des loix et des droits si barbares, pourquoi chaque pro-

---

nous croyons néanmoins devoir placer ici quelques traits que l'Auteur de la Lettre n'a pas rappellés.

« J'avois, disoit l'un des Vassaux, deux frères ; l'un est allé en Franche-Comté : il a vendu ses fonds héréditaires, et en a placé le prix en immeubles sous la Seigneurie du Chapitre de Saint-Cl. Il est mort sans enfans : le Chapitre a pris jusqu'au lit de mon frère ; je n'ai pas été peu surpris que ce noble Chapitre se dise héritier de mon frere, à mon préjudice. Ne pouvant réussir en qualité d'héritier, j'ai voulu faire valoir mes droits de proche parent, résultant du droit de remploi des propres aliénés, pour acheter ceux dont le Chapitre s'emparoit, on ne m'a pas écouté ; j'ai enfin eu recours à la qualité de Créancier. J'avois sur mon frère une créance hypothéquaire, voulant la faire valoir, mon titre n'ayant pas été consenti par le Chapitre, est demeuré sans effet, parce que les fonds situés dans sa Seigneurie, ne sont susceptibles d'hypothèque qu'autant qu'il lui plaît ».

« Mon autre frère ayant demeuré quelques années dans une coutume de morte-main, sans s'en douter, est revenu à la maison paternelle ; il est mort peu de tems après ; le Seigneur de son domicile fortuit, a dit que mon frere étoit devenu son homme de poursuite ; j'ai plaidé pour revendiquer les biens paternels, j'ai perdu le procès, les biens et les dépens.

On y rappelloit aussi ce trait déja connu et consigné dans les Mémoires imprimés des Vassaux de ce Chapitre.

priétaire d'un fonds, quelque borné qu'il soit, n'en a pas toute la propriété, et s'il

---

« Un pere de famille, de la paroisse des Bouchoux, tombe malade au mois de Mai 1770; deux jours avant sa mort, le Fermier du Chapitre présente une requête aux Juges, pour avoir la permission de mettre le scellé sur la succession, on prépare pendant ces deux jours les procédures usitées en pareil cas, et le Juge arrive dans la hutte avec le Greffier, le Fermier et des Records, au moment que l'on en sortoit le cadavre pour le porter à la fosse; il n'y avoit dans la hutte qu'un enfant de deux ans, dont les larmes ne les attendrissent point. La mere et le reste de la famille avoient suivi le convoi. Pendant leur absence on met le scellé sur toutes les serrures, et à son retour l'orpheline trouve pour consolateur un Fermier qui venoit la dépouiller, et des Records en garnison dans sa cabane.

« Cependant cette fille avoit toujours vécu dans la communauté de son pere, son mari y résidoit avec elle depuis dix-huit ans; et elle y avoit fait quatre enfans; mais le Chapitre prétendoit qu'elle avoit passé les premiers six mois de son mariage dans la famille de son mari, qu'elle n'avoit point couché dans la hutte paternelle, la premiere nuit de ses noces, et sur ces prétextes, vouloit s'emparer de l'héritage que la nature et la loi lui déféroient.

« L'orphéline vient à Saint-Cl. se jetter aux pieds d'un homme sensible qui prend sa défense; mais dans la vue de lui ôter ce défenseur, le Chapitre récuse le n'est pas possible de simplifier les possessions, de façon qu'un seul héritage n'ait plus

---

Juge qui l'avoit d'abord si bien servi, et que lui-même avoit choisi ; il évoque l'affaire dans un autre Bailliage, où cependant malgré son crédit, on permet à la fille de prouver par témoins, qu'elle avoit passé chez son pere la premiere nuit de ses nôces. Le Chapitre qui redoute cette preuve, appelle du Jugement ; mais le Parlement de Besançon le confirme par Arrêt du 14 Juin 1771 : l'orpheline prouve, par le témoignage unanime de six témoins, qu'elle a rempli la formalité nécessaire dans ce pays, pour qu'une fille succède à son pere ; mais les Chanoines ne se rendent point encore ; après avoir déclamé contre les Enquêtes, ils en veulent faire une à leur tour, et pour se procurer des témoins qui contredisent ceux de l'orpheline ; il font lancer des monitoires.

« Jusqu'ici cette procédure extraordinaire avoit été réservée pour la découverte des crimes. C'est la premiere fois qu'on a prétendu l'employer pour chasser un enfant de l'héritage de son pere. Nous avons lieu de croire que le Parlement de Besançon, devant lequel on a appellé de ce monitoire, n'autorisera pas ce nouveau genre de vexation. »

D'autres Vassaux du Domaine se plaignent de la saisie féodale que les Receveurs-généraux des Domaines exercent sur leurs Alleux pour les forcer à faire ensaisiner leurs titres en vertu des édits de Décembre 1701, 1727, et d'Arrêts du Parlement de Paris, du 20 Avril 1765, et du 22 Mai 1775.

une multitude de maîtres qui semblent se relayer pour affliger celui qui le cultive (1) ?

(1) Tâchons de compter combien sur un seul fond il y a de maîtres. On pourroit douter s'il faut mettre en ligne celui qui le cultive, car nous allons voir qu'il a des co-propriétaires si redoutables, qu'il faut qu'il disparoisse en quelque sorte devant eux. Cependant comptons-le pour un sans tirer à conséquence, et sauf à le retrancher si quelqu'un l'exige, ci. . 1

Le Seigneur de la Directe, on ne peut contester celui-là, tant pour le cens, le sur-cens, que le champart, passons pour un, ci. 1

J'aurois peut être dû commencer par le Décimateur ; mais il n'aura rien à nous reprocher, le mettant comme il lui convient en ordre utile, ci. . 1

Si la dîme d'agneau ou autre dîme de sang, ou menue dîme a lieu, comme cela est commun, le Curé qui la perçoit sera, ci pour. 1

Un Seigneur voisin, ou le Fief, a souvent droit de chasse par titre ou par réciprocité ; ce droit qui ravage les héritages dans les tems de valeur, mérite bien d'être placé ici avec les autres. 1

Une rente suzeraine est chose fréquente, on doit à son Seigneur proche, et au médiat, qui prend place ici pour. 1

Le droit de parcours est un droit général, qu'on ne peut s'empêcher d'en faire mention, soit qu'il appartienne à la Communauté ou à d'autres, ci. . 1

Dans la crainte d'être taxé d'exagération, nous arrêtons ici le calcul ; mais on ne nous disputera pas

Les loix, dites-vous, n'ont pas voulu qu'aucun co-propriétaire pût être forcé de demeu-

---

que celui qui cultive, n'est souvent que le Fermier, dès-lors il est indispensable de placer ici le bailleur pour. 1

Total des prétendans et exercans droits et propriétés sur un héritage. 8

Il est bon d'ajouter que le droit de parcours étoit si rigoureux dans plusieurs Provinces, que le propriétaire d'un fonds qui n'avoit jamais été clos, ne pouvoit le fermer à peine d'amende, et de démolition des clôtures. Le droit qu'avoit le public d'y faire pâturer avant ou après des époques déterminées par l'usage, empêchoit le propriétaire d'y rien semer, qui dût être recueilli après la dernière époque ; il ne pouvoit y planter d'arbres ni de la vigne, ni se procurer une seconde récolte sur des fonds qui auroient pu la donner. Cette coutume folle et barbare a fait sentir toute son incommodité, dans les années de disette ; les peuples ont eux-même sollicité une loi qui permît à tous propriétaires d'enclore leurs héritages, et d'y planter et semer les arbres, fruits et légumes que le terrein peut produire. Il faut donner les dates de cette loi pour montrer jusqu'où cette barbarie a pénétré : elle est, pour la Lorraine, du mois de Mars 1767 ; pour le Barrois, de l'année suivante ; pour la Champagne, la Franche-Comté, et les Trois-Evêchés, à-peu-près du même tems. Depuis cette époque il s'est fait beaucoup de clôtures qui ont été suivies de plantations, de prairies artificielles, de rer malgré lui en communauté; ces mêmes loix ne peuvent-elles pas nous aider à provoquer nos Seigneurs à prendre, par voie de partage ou de licitation , une partie de nos héritages pour leur tenir lieu de leur directe et de tous leurs droits? Ne pourrions-nous pas les obliger d'en recevoir le remboursement, moyennant une somme qui en représenteroit le capital , à raison du denier 50 ou 60, de sorte que ce qui nous resteroit, et que nous aurions affranchi, fût possédé d'une maniere entiérement libre et exempte de toutes charges féodales?

Quelque raisonnable que soit ce desir, vous ne serez point admis à forcer vos Seigneurs à changer la nature de leurs droits et propriétés; on vous opposeroit bientôt que les loix des partages ne sont pas appli-

---

nourritures d'animaux , et d'une grande quantité d'opérations d'agriculture des plus heureuses, auparavant impossibles.

Si l'une de ces servitudes portoit si grand obstacle à l'agriculture, combien leur réunion n'est-elle pas funeste?

Ces sottises, en faveur du droit de parcours, étoient écrites dans nombres de Coutumes, avec toutes les sottises féodales.

cables aux Seigneurs et à leurs Vassaux, dont les droits sont de nature à rester ensemble assis sur le même fonds.

Ce n'est donc que de concert que l'on peut résoudre des difficultés nées du Droit Féodal, auxquelles les loix n'ont point apporté de remèdes.

Il est vrai que des loix également célèbres et respectées ont effacé la servitude personnelle, et qu'elles ont obligé les Seigneurs à recevoir, à l'exemple des Rois, le prix de la liberté de leurs esclaves ; mais l'objet de ces loix est consommé, elles ne peuvent que servir d'exemple, il n'en peut résulter d'action pour forcer un Seigneur à recevoir l'affranchissement d'un héritage.

Les Tribunaux ne pourroient donc recevoir la demande que vous désireriez de former ; mais il est au pouvoir du Monarque chéri, bien faisant, et bien servi, qui nous gouverne, d'établir la liberté réelle comme les plus glorieux d'entre ses prédécesseurs, ont établi la liberté personnelle ; il pourvoiroit, comme eux, à ce que son Domaine et les Seigneurs ne souffrissent point de l'anéantissement des droits de Directe.

Une loi sur cette matière seroit donc juste,

elle est donc possible ; mais comme elle n'existe pas, il convient d'examiner si sans cette loi vous pouvez atteindre votre but en établissant que le Domaine et les Seigneurs, ainsi que leurs Vassaux, trouveroient des avantages immenses à consentir réciproquement au rachat des servitudes féodales. A l'égard des Seigneurs, ce n'est qu'une affaire de calcul, ils sont les maîtres d'aliéner les droits de leurs Fiefs, et la plupart le feront volontairement, s'ils y trouvent, comme je vais le démontrer, le moyen de tripler, et même de quadrupler leurs revenus, sans rien perdre des droits honorifiques. La difculté viendroit de la suzeraineté du Roi, et de l'inaliénabilité du Domaine ; mais cette inaliénabilité ne pourroit faire, dans l'affranchissement des fonds, un obstacle qu'elle n'a point fait dans l'affranchissement des personnes. Je vaïs donc vous communiquer mes réfléxions sur tous ces objets.

La liberté foncière à laquelle vous voudriez parvenir, est depuis long-tems le vœu de tous les gens sensés ; les écrivains ont cependant, en quelque sorte, négligé de le produire en public : ils regardoient sans doute la foule de loix qui protègent la forme et la nature actuelle des propriétés, comme un mur d'airain contre lequel viendroient se briser leurs opinions et leurs tentatives.

Néanmoins, n'auroient-ils pas été écoutés avec plaisir, en nous retraçant la simplicité et la perfection des propriétés chez les Romains et chez les Nations les plus sages et les plus célèbres, en nous montrant l'origine et la progression des Fiefs, et le changement du service militaire en droit de mutations et autres droits. Si à ces récits ils avoient ajouté la peinture des inconvéniens des droits actuels, et présenté les moyens d'y remédier, ils eussent, sans doute, recueilli des éloges, et leurs sages conseils auroient trouvé des Seigneurs humains et prudens, qui les eussent mis à profit.

Je vais, au défaut des Auteurs, parcourir rapidement cette matière; je ne la chargerai pas d'autorités : en faut-il où la raison et l'intérêt des parties concourent?

Sans nous étendre à discuter la nature des propriétés chez toutes les Nations, voyons quelle étoit celle des fonds chez les Romains, auxquels nous tenons par leurs conquêtes et par l'alliance d'une partie de leurs Loix avec les nôtres.

Rome bornée à son territoire, avoit sur ce territoire une propriété qui résidoit dans le corps de la République, et qui s'exerçoit par chacun de ses membres : l'impôt que payoit le citoyen, représentoit la portion que l'état s'étoit réservée dans cette propriété : quand Rome fut accrue par des conquêtes, elle rejetta sur ses nouveaux sujets une partie du fardeau qu'avoient supporté jusqu'alors ses habitans. Bientôt l'Italie fut conquise, les citoyens jouirent alors d'une exemption plus étendue, ils possédèrent leurs terres *optimo jure*, *jure Quiritum* ; à mesure que les Provinces éloignées furent ajoutées à son Empire, l'Italie fut elle-même soulagée, et le *jus optimum* devint le *jus Italicum*. Ce droit s'étendit enfin au-delà des Alpes ; ainsi la première Lyonnoise et la Narbonnoise furent assimilées aux Provinces Italiques : les Peuples sujets au tribut, après avoir payé l'impôt, jouissoient d'une liberté indéfinie, ils avoient *jus utendi et abutendi*, point de directe, point de mouvance, aucun de ces droits qui sont établis depuis sous le nom de droits et devoirs Seigneuriaux. Les Francs apportèrent dans les Gaules leurs mœurs et leurs usages ; mais ils ne changèrent ni les mœurs ni les usages des Peuples ; les terres de l'Empire devinrent les terres de Clovis et de ses soldats ; ils amenèrent à leur suite des esclaves qu'ils employèrent à cultiver une partie des terres qu'ils venoient de conquérir ; mais ces esclaves, semblables à nos fermiers, avoient chacun leurs manoirs particuliers, dans lesquels ils vivoient en pères de famille : toute la servitude que le maître imposoit à l'esclave, étoit de l'obliger à lui payer une redevance en grains, en peaux ou en étoffes : *suam quisque sedem, suos Penates regit, frumenti modum Dominus, aut pecoris, aut vestis colono injungit.* Jusque-là, point de directe ; pas davantage sous Charlemagne ; le germe ne s'en est développé qu'avec les causes qui amenèrent la chûte de l'autorité et la dégénération de la Monarchie. Les Rois commencèrent par accorder à des Monastères, à des Eglises, une sorte d'indépendance sous le nom d'immunités ; ils leur donnèrent une jurisdiction sur leurs esclaves, sur les colons, sur les affranchis qui habitoient dans l'étendue de ces immunités ; ces immunités ne furent pas d'abord perpétuelles ; on en demandoit la confirmation à l'avènement du Roi à la Couronne ; mais il en fut comme des terres fiscales, qu'une longue possession transforma en terres héréditaires ; de là l'origine des premières Seigneuries, et des premières Justices Ecclésiastiques (1).

L'exemple de ces immunités fut contagieux ; ceux qui avoient obtenu des bénéfices militaires ou des terres du Domaine, voulurent les perpétuer dans les familles. Déja, sous les Fainéans de la première Race, ces possessions précaires passoient des pères aux enfans, d'abord, par un bienfait du Prince, et bientôt par une simple tolérance ; après plusieurs mutations successives, l'origine en fut oubliée.

Les Rois de la seconde Race songèrent à faire revivre l'ancienne institution des Francs, qui, divisés par centaine, avoient un chef choisi par les soldats ; cette institution militaire avoit fini avec les conquêtes : il fut ordonné que tout homme libre s'attacheroit à un chef, à un soldat plus âgé que lui, *se-*

---

(1) L'Eglise acquit ensuite, à différens titres, d'autres Fiefs auxquels il y avoit des justices annexées.

nior, qu'il se lieroit par le nœud de la recommandation, et qu'il le suivroit à la guerre : ce nouveau lien fut d'abord purement personnel ; mais il dégénéra insensiblement, et la subordination, devint dépendance et servitude ; l'héritier du chef crut avoir un droit à son titre comme à ses biens, il compta le vassal parmi les biens de la succession, et bientôt le vasselage fut regardé comme un rapport entre les possessions, et non plus entre les personnes : les Comtes et les Ducs s'emparèrent des terres domaniales, y attachèrent les droits qui n'étoient attachés qu'à leurs Offices, la puissance publique s'affoiblit, et son action fut interceptée ; le foible chercha l'appui du plus fort, et acheta, par la perte de sa propriété, le droit d'usurper celle des autres ; ainsi se forma cette chaîne de protecteurs et de protégés, d'oppresseurs et d'opprimés, de tyrans et d'esclaves qui inondèrent la France (1).

---

(1) « Ce Royaume se trouva la proie d'une multitude de Seigneurs, qui tous regardoient comme faisant partie de leurs Seigneuries, des droits et des redevances qui autrefois avoient appartenu à l'Etat ; la Seigneurie devint une espèce de despotisme qui rendoit le propriétaire maître absolu de toute l'étendue

Au milieu de cette confusion générale naquirent une foule d'usages et de coutumes absurdes et barbares; l'oppression multiplia ses caprices, et la servitude ses hommages. Hugues-Capet monté sur le Trône, ne pouvant rompre la chaîne féodale dont l'autorité étoit enveloppée, chercha à en affoiblir successivement les anneaux. Pour mieux cacher ses vues, l'autorité se déguisa sous la forme de suzeraineté ; on créa une glebe fictive, un Fief imaginaire dont releveroient tous les autres Fiefs; cette glebe dominante, ce Fief suprême, ce fut la Couronne, qui devint le principe et le nœud de toutes les Seigneuries subalternes; ce fil approcha et enchaîna les arrières-vassaux; les affranchissemens des serfs et l'établissement des Communes, donnèrent un nouveau point d'appui à l'autorité royale, et un nouvel ordre de citoyens à l'Etat: les croisades ayant dé-

---

de son territoire ; de-là la servitude devint presque générale; de-là les droits de main-morte qui en furent une suite et un esclavage modifié ; de-là une foule de redevances et d'autres droits inconnus sous la seconde race ».

Mémoires sur les impositions et droits en France, tome 2, page vj.

voré une foule d'hommes inquiets et turbulens, la police générale rentra dans les mains du Prince, et il ne resta de tout le systême féodal que la directe.

Les Seigneurs qui voyoient échapper de leurs mains le droit de faire la guerre et d'exiger la taille de leurs vassaux (1), rem-

(1) L'Auteur en use un peu ici à la manière des Avocats qui ne montrent que ce qu'ils croient utiles à leur objet ; ce ne sont pas là les seules causes des droits Seigneuriaux ; voici comment s'en explique M. de Montesquieu : « Les Fiefs passant aux enfans du Possesseur, les Seigneurs perdoient la liberté d'en disposer ; et pour s'en dédommager, ils établirent un droit qu'on appelle le droit de rachat. . . . »

» Bientôt les Fiefs purent être transportés aux Etrangers, comme un bien patrimonial, cela fit naître le droit de Lods et Ventes, établi dans presque tout le Royaume. Ces droits furent d'abord arbitraires ; mais quand la pratique d'accorder les permissions devint générale, on les fixa dans chaque contrée ».

Ces droits furent donc aussi le prix de l'hérédité, et de la faculté de transporter les biens féodaux.

Les Vassaux des terres de St. Claude ont fait un tableau frappant de l'origine des Servitudes auxquelles ils sont soumis. Voici comment ils s'en sont expliqués dans la Requête imprimée qu'ils ont présentée au Roi.

« Les droits de Servitude ou de main-morte se sont

placèrent ces droits par d'autres aussi utiles et non moins onéreux ; de-là le relief, le

---

formés de plus d'une manière, la violence des anciens Seigneurs de Fiefs, la misère des Colons, l'ascendant des Moines, la dévotion trop peu éclairée des fidèles, ont établi entre les sujets du Royaume, cette différence prodigieuse qui révolte l'humanité, et que la saine politique réprouve. Ici c'étoit un brigand couvert d'acier, qui après avoir dérobé une Province, et traité du pardon de ses crimes avec le Prince qu'il avoit bravé, emmenoit une multitude d'hommes et de femmes arrachés de leurs foyers, et les forçoit de cultiver les environs du Château-Fort, dans lequel il alloit recèler ses rapines. Là c'étoit une Bourgade, une Ville, une Contrée, qu'un vainqueur furieux ravageoit par le fer et les flammes, et dont les habitans ne rachetoient leurs vies qu'en subissant l'ignominie de l'esclavage. L'Histoire du quinzième siècle fournit encore des exemples frappans de ces inconvéniens cruels ; quelquefois des paysans foibles et menacés par un Seigneur, se déclaroient les mortaillables d'un autre Seigneur, afin qu'il protégeât leurs vies et leurs possessions contre les persécutions qu'ils regardoient comme inévitables ; d'autres enfin, dans le délire de la piété, alloient faire, entre les mains des Moines ou des Ecclésiastiques, l'abdication de leurs propriétés et de leurs droits civils ; ils supplioient un Saint, dont ils briguoient l'appui, de vouloir bien agréer, en échange de ses faveurs, le sacrifice de leur liberté. Les Moines, qui exerçoient rachat, les lods et ventes qui s'introduisirent bientôt dans les Domaines du Roi (1).

Sans doute la Nation pouvoit alors réclamer contre ces abus et demander la proscription de toute directe qui n'auroit pas eu pour titre une concession primitive; elle auroit pu se récrier contre ces inféodations

---

les droits du Saint, recevoient l'offrande en cérémonie; ils en consignoient l'histoire dans un acte qui se conservoit à jamais dans leurs archives ».

M. de Glatigny, dans sa dissertation sur la Servitude, et son abolition en France, pag. 351, parle du nombre prodigieux de serfs, qui appartenoient aux Ecclésiastiques; il rapporte la cérémonie du dévouement de ces malheureux imbéciles : « elle se faisoit, dit-il, dans l'Eglise, le Prosélyte s'approchoit de l'Autel; il y plaçoit dévotement les mains, y couchoit sa tête, et dans cette situation prononçoit la formule de sa profession; il déclaroit qu'il offroit à Dieu, à la Sainte Trinité, et aux Saints Patrons de l'Eglise, ses biens et sa personne; qu'il s'engageoit de les servir comme Esclave pendant tout le tems de sa vie Les plus zélés s'entouroient le col d'une corde, pour exprimer le sacrifice entier qu'ils faisoient de leurs biens et de leurs vies ».

(1) Les Rois en usèrent, dans leurs Domaines, à-peu-près comme les Seigneurs, en y établissant des droits particuliers auxquels leurs sujets avoient été obligés de se soumettre. Voyez les Mémoires sur les impositions et droits, tom. 2, pag. vij.

formées par une tradition fictive de la part d'un particulier, ou par la restitution à titre de Fief de la part du Seigneur, et il ne seroit resté aux Seigneurs particuliers qu'un domaine direct, un cens, une redevance sur les seules terres qu'ils auroient originairement concédées ; mais cette proscription n'a pas été faite, les directes existent, les coutumes les ont consacrées, et des maximes générales, dans plusieurs pays, ont étendu leur empire, et empêchent que rien ne puisse s'y soustraire.

Tel est, Messieurs, le sommaire de l'histoire du Droit féodal sous lequel vous gemissez ; il est né dans les camps, il s'est développé dans l'anarchie, il s'est affermi par la tyrannie, et il a fait taire les Loix et l'autorité légitime qu'il avoit usurpé : vous réclamez la liberté primitive des fonds ; mais cette directe qui vous grève, étant passée dans le commerce par l'adoption qu'en ont faite les loix, elle est devenue la propriété des Seigneurs ; vous sentez et reconnoissez la nécessité de les indemniser, s'ils veulent bien y renoncer (1).

(1) L'Auteur n'a fait qu'un sommaire si resserré de l'origine des Fiefs et des droits Féodaux, qu'il paroît

Avant que d'examiner comment on liquideroit leurs intérêts, voyons quel intérêt l'Etat auroit à cette opération, et si elle seroit possible pour les mouvances du Domaine.

La prospérité des Etats, est en raison de la liberté des personnes, des choses et des actions : ces trois genres de liberté rejettent l'esclavage des personnes, les différentes servitudes établies sur les fonds par le Droit féodal et les obstacles qu'apportent au commerce les priviléges de vente et de fabrications, et ensuite les péages, douanes et prohibitions.

Nous ne dirons rien de la liberté du commerce, qui est celle des actions : le Ministre éclairé qui le protége, lui assurera tous les avantages qui pourront le faire prospérer.

L'esclavage des personnes fit régner avec lui l'ignorance ; il bannit les arts, rendit la nature sauvage, et plongea la France dans le cahos d'où elle n'a commencé à sortir qu'à l'époque des affranchissemens : les affranchissemens ont créé les villes, les citoyens,

---

indispensable de renvoyer le Lecteur aux livres 30 et 31 de l'Esprit des Loix, où cette matière est traitée d'une manière également savante et lumineuse.

les arts, les lettres et les bonnes loix; les succès des premiers en déterminerent d'autres, imités par les Seigneurs et bientôt *libre* et *François* furent synonimes.

Le troisieme genre de servitude subsite encore sur les fonds qui sont d'autant moins utiles à l'état et aux particuliers, que la possession en est plus grévée; on peut même assurer que la liberté des fonds produiroit des avantages aussi considérables qu'en a produit celle des personnes dont l'affranchissement a fait une si heureuse révolution.

Les droits féodaux, pour de médiocres produits, présentent mille embarras et difficultés, tant au Seigneur qu'au vassal.

Le Vassal est assujetti, suivant la qualité du fonds, à des foi et hommage, aveux et dénombremens, reconnoissance aux terriers, aux cens, aux corvées, aux lods et ventes, au relief, à la bannalité, l'assistance aux plaids, aux amendes, à la saisie féodale, etc. etc. La plupart de ces droits sont d'un très-petit produit pour le Seigneur; plusieurs n'en apportent aucun, et sont néanmoins une charge considérable au Vassal.

Le Seigneur, pour recueillir et exercer

ces droits, est obligé à des frais considérables; il lui faut des Archives, des Terriers immensément coûteux à former et à renouveller, des Rôles, des Receveurs, des Collecteurs, des Sergens, et des Comptes très-étendus; tantôt le droit, la quotité ou la manière de le payer, sont contestés; tantôt la mouvance est prétendue par d'autres Seigneurs; les énormes procès qu'engendrent les contestations, passant de père en fils, dévorent les Seigneurs, les Vassaux et les terres où ils se sont élevés.

Les Rois donnèrent les premiers l'exemple de l'affranchissement des personnes, ils élevèrent sous l'étendard de la liberté, cette famille d'enfans leurs sujets, qui payèrent de leur fidèle amour, et cent fois de leur sang, le bienfait de la liberté : bientôt la Nation, auparavant celle du servage, fut celle de la liberté, de l'honneur, de la gloire et des arts, et le droit honteux de propriété sur les hommes fut changé en protection de la part du Souverain, et la servitude en hommage du cœur de la part des Sujets.

Il reste un avantage égal à recueillir par l'affranchissement des fonds : quel Roi et quels Ministres eurent plus de droit que ceux qui nous gouvernent, de faire cette glorieuse moisson ! SA MAJESTÉ peut en donner l'exemple dans ses Domaines, exemple qui sera suivi par les Seigneurs ; elle peut aussi l'ordonner généralement, en réglant l'indemnité due aux Seigneurs ; ceux-ci peuvent faire cet affranchissement du consentement du Roi, consentement que nous regardons comme assuré.

Voyons si l'inaliénabilité du Domaine peut faire un obstacle invincible à cette opération, qui cependant réunit les avantages politiques et ceux des particuliers.

Une simple observation semble devoir écarter l'objection : la servitude personnelle étoit aussi un droit du Domaine ; il a cependant été aliéné sans réclamation ; il en seroit de même de l'établissement du Franc-alleu universel sous le Domaine ; d'ailleurs les Vassaux se rédimeroient de tous cens et servitudes, moyennant le capital au denier 30 ou 40, et les sommes reçues pour cette libération, seroient employées à l'acquisition de forêts et autres fonds par forme de remplacement pour le Domaine, ou à l'acquittement des charges les plus onéreuses de l'Etat : il ne s'y rencontreroit donc aucune des raisons qui ont déterminé la révocation des différentes aliénations des Domaines ; savoir, qu'ils ont été donnés pour un prix au-dessous de leur valeur, que le prix n'a pas été réellement délivré, que les sommes n'ont point tourné au profit de l'Etat.

Il est également aisé de détruire, par le principe, le phantôme de l'inaliénabilité. Le Domaine n'avoit ce caractère qu'en faveur de la Nation, au profit de laquelle il étoit établi, et par son utilité et suffisance aux dépenses publiques ; il a perdu ce caractère en tombant dans un état tel que le revenu se réduit presqu'à rien, et qu'il est impossible, ni de le rétablir, parce qu'une réformation tourneroit en vexation sur tous les vassaux, ni de garantir ce revenu des usurpations ; il y auroit plus de dépenses que de produits ; parce que les inféodations et les fondations l'ont dénaturé, et rendu la rentrée impossible.

La maxime de l'inaliénabilité a paru sans consistance à l'auteur des *Considérations sur l'Inaliénabilité du Domaine*, qui viennent d'être imprimées chez *la Jay*. Quelque suffisant que soit cet Ouvrage pour établir le droit qu'a le Roi d'aliéner le Domaine, je crois devoir ajouter quelques réflexions à ce qu'en a dit l'Auteur, et mettre sous vos yeux celles de l'Editeur du Traité du Domaine.

Autrefois, je le répète, le Domaine suffisoit aux dépenses royales et publiques; mais étant aujourd'hui si disproportionné avec les charges de l'Etat, il a perdu la faveur religieuse qu'il méritoit, et sa dénomination de *sacré*; il l'étoit sans doute, lorsqu'il écartoit du peuple tous les impôts, les Aides, les Gabelles, etc.

Mais comment le Domaine est-il ainsi tombé dans l'épuisement et l'inutilité? Cette question n'est pas de pure curiosité, parce que la réponse convaincra de l'impossibilité de le rétablir.

1°. Le Domaine a été exposé aux dissipations, aux usurpations, aux inféodations devenues héréditaires; les fondations et les affranchissemens le diminuèrent aussi considérablement.

2°. Les dépenses de l'Etat ont beaucoup augmenté par le changement de l'administration; par exemple, la dispense du service militaire accordée aux possesseurs des Fiefs devenus héréditaires, a mis la guerre au compte du Roi, il a payé les vassaux pour faire un service qu'ils devoient à raison des Fiefs qu'ils possédoient; de sorte qu'ils tiennent le Fief sans devoir, et sont payés pour faire le devoir du Fief; voilà certainement la plus forte aliénation des droits du Domaine, depuis l'hérédité des Fiefs contre laquelle personne n'a réclamé.

3°. Les Rois ayant recouvré toute leur autorité, ont été chargés d'une police vaste, tant en administration qu'en jurisdiction, nouvelle dépense précédemment inconnue; la dépense de l'administration de la Justice s'est augmentée comme les difficultés résultantes du nouveau genre de propriété introduites par le Droit féodal; il suffit d'ouvrir les Jurisconsultes et les Coutumes, pour voir que les contestations et les discussions sur cette matière ont fait plus de moitié des embarras de la société, des occupations métaphysiques du Barreau, des méditations et jugemens des Tribunaux et par conséquent des frais d'administration.

4°. D'autres genres nouveaux de dépense ont été les armées perpétuelles, les ambassades permanentes, les guerres fréquentes et malheureuses, etc. etc.

5°. Les circonstances critiques des guerres ont occasionné beaucoup d'aliénations.

Tant d'augmentations de dépenses, tant de diminutions du fonds et de la recette, devoient laisser comme elles l'ont laissé en effet, le Domaine infiniment au-dessous de son objet, qui étoit de suffire aux charges de l'Etat.

Dans l'état actuel des choses, le Domaine ne forme plus la centième partie des besoins et des revenus du Gouvernement; le Domaine est donc devenu un nom sans réalité, puisqu'il est également épuisé et insuffisant; il ne doit donc tenir dans l'ordre législatif et politique, qu'une place égale à son utilité, qui est la mesure, la seule exacte des choses : les Loix ne sont pas plus immuables que leur objet; le Domaine est entièrement changé, il a perdu son utilité, il n'est donc plus inaliénable; il étoit la sauve-garde des peuples, en les garantissant des impôts dont il ne peut plus les défendre : ses droits de directes et de mouvances sont le fléau des vassaux; les principes d'inaliénabilité et d'imprescriptibilité les désespèrent, les vassaux doivent donc être admis à racheter ces servitudes : la convention sociale qui avoit uni une dot en fonds à la Couronne, tombe d'elle-même à cet égard, parce qu'elle n'est plus soutenue par le suffrage et par les vœux des peuples : le Roi est l'organe et la voix de la société ; il peut déclarer le changement du vœu de la société, qui tirera un plus grand parti de la dot de la Couronne, en en faisant une nouvelle disposition : l'Editeur du Traité du Domaine a senti ces conséquences, il s'en est expliqué avec l'élégance et la sagacité qui lui sont propres, tome 3, p. 366 en note.

« La Nature seule fait des loix que la puissance humaine doit respecter, parce qu'elle se brisera contre ces loix plutôt que de les briser. Les hommes cherchent ce qui n'est pas, s'ils cherchent à donner à leurs ouvrages la stabilité et l'immutabilité. Ainsi, il est bien aisé de dire, suivant les Loix du Royaume, le Prince ne peut pas aliéner le Domaine de la Couronne. Mais ces Loix du Royaume même, la Société peut les changer, et le Prince est l'organe et la voix de la Société ; et ce qu'il dit avec l'appareil et la solennité de la Législation, est la parole de la Société. Donc ce qu'il lui enlève, sous un point de vue, retourne à lui sous un autre; toute la force de cette Loi fondamentale se réduit à prescrire, comme essentielle, une forme qui doit caractériser l'opération d'une puissance plus pleine et plus étendue. Nous ne parlons point ici de la forme de la Législation; mais mettons-y le plus grand appareil. Qui doute que la Nation assemblée avec son Prince à la tête, ne pût, assignant d'ailleurs des fonds pour les dépenses publiques, ordonner la vente irrévocable de tous les Domaines unis à la Couronne? Ce qu'on peut retrancher de cet appareil, sans changer la nature de la question, est la matière d'une autre discussion que nous ne croyons pas devoir placer ici, d'autant plus qu'elle comprendroit le droit public de la France tout entier. Il suffit d'une hypothèse pour donner un exemple et mesurer la possibilité ».

» Non que nous ne donnions pas à la Nature son suffrage dans cette matière; c'est la Nature, par exemple, qui attache à la puissance publique les droits qui forment son essence. Ainsi, il est de l'essence de la puissance publique, de ne reconnoître, dans l'étendue du Royaume, aucun ministère qui ne lui soit subordonné. Voilà l'un des fleurons qui forment la Couronne. Voilà le cas où la Nation, assemblée avec son Prince, décideroit inutilement le contraire. Il n'en résulteroit que l'illusion d'un moment, auquel le moment suivant ôteroit déja quelque chose, et que le tems seul altéreroit de degré en degré et détruiroit enfin. On pourroit même en trouver la preuve, par l'expérience, dans l'Histoire des Dominations, soit corporelles, soit ecclésiastiques, qui jadis défiguroient la face de ce Royaume. Voilà donc un Domaine véritablement inaliénable, et qui, en effet, ne sera jamais aliéné d'une manière efficace. Mais des terres attachées à la Couronne, n'y sont attachées que par une distribution faite entre le Prince et ses Sujets; distribution peut-être originairement mal faite, peut-être bien faite dans son tems, mais qui, n'ayant point été changée suivant les différentes révolutions des mœurs, n'a plus aucune espèce d'analogie avec les mœurs actuelles. Cela posé, l'intérêt de l'Etat est qu'elle soit changée. Tous les obstacles que l'on élèvera pour rendre ce changement impossible, seront donc des machines dressées contre l'Etat lui-même, dont l'effet est de l'empêcher de parvenir à une utile réformation qui puisse lui procurer une vigueur et une santé parfaites ».

» Mais, dira-t-on, il vaut mieux encore suivre les erreurs dans lesquelles nos ancêtres nous ont placés, que de donner une ouverture à la puissance arbitraire, et livrer toutes choses au hasard. 1°. Cet argument n'a point lieu, si des raisons de nécessité exigent l'aliénation des Domaines ; on y répondroit que l'une et l'autre branche de cette alternative conduiroit au même terme, et par conséquent la balance seroit assez égale, et ce seroit offrir à l'Etat, condamné à périr, le choix de son supplice. 2 . La puissance arbitraire et le hasard ne sont point de l'essence d'un projet de réformation, par lequel on seroit dans le cas de corriger les erreurs d'une ancienne Constitution. Il n'est point vrai que la destruction des Loix anciennes, pour en substituer de nouvelles, soit une ouverture donnée à la puissance arbitraire. Au contraire, l'obscurité des Loix anciennes, la nécessité des circonstances nouvelles qui, tous les jours, nous contraignent d'admettre des limitations, des exceptions, des dérogations, à ces Loix anciennes, ou ce qui est encore pis, d'intervertir

tervertir la disposition de la Loi en en renversant les termes donnent beaucoup plus d'ouverture à la puissance arbitraire, que de nouvelles conventions authentiquement scellées. Il ne s'agit pas de détruire sans réédifier. Au contraire, il ne faut pas ôter une pierre de l'ancien édifice, sans avoir derrière, un nouvel édifice tout élevé et éprouvé autant que la foiblesse humaine peut éprouver, et sous la réserve des nouvelles lumières que l'expérience seule peut donner, dont on se mettra à portée de profiter, en donnant à la machine un certain espace pour le jeu des différens ressorts».

» Le résultat de ceci, est qu'il y a certainement un Domaine sacré, inaliénable, imprescriptible, et que nulle force humaine ne peut séparer de la Couronne : c'est tout ce qui est compris dans l'idée de cette Couronne, comme étant attaché à cette idée par la raison même».

» Ensuite il y a un Domaine qu'une convention solemnelle, écrite dans les Loix du Royaume, a uni et incorporé à la Couronne par une fiction qui, en imitant la Nature, renferme encore ce Domaine sous l'idée de la Couronne. Mais une convention forme ce lien, et une convention contraire, si de nouvelles circonstances font naître un intérêt contraire. Mais tant que la convention subsiste, elle est digne de respect; de-là, l'explication des différens monumens de notre Jurisprudence dans cette matière qui, d'un côté, rapproche tous les jours, et fait rentrer, dans les mains du Prince, des droits régaliens qui n'en devoient jamais sortir, et qui ne peuvent être entre les mains des Seigneurs ou temporels, ou ecclésiastiques; de manière que quelques titres qu'ils puissent rapporter, ces titres ne seront jamais que des monumens d'ignorance et d'erreur qui, d'un autre côté, regardant comme unies à la Couronne, les terres dont on a compté pendant dix ans, à la Chambre des Comptes, jugent qu'elles sont hors du commerce des hommes, qui, en même tems, commercent tous les jours la possession des Citoyens sur des héritages particuliers, quoiqu'on voie dans les histoires des tems passés que ces héritages ont été démembrés de la Couronne. De-là l'explication de tant de sages remontrances, par lesquels les fidèles serviteurs du Roi lui ont toujours témoigné leurs alarmes, et lui ont résisté en face lorsqu'ils l'ont vu, suivant des conseils mal assurés, détruire sans réédifier, et mettre hors de ses mains, sans remplir par d'autres objets, le vuide qui s'y trouvoit. De-là, l'observation que les opérations qui mettoient entre les mains du Prince une représentation de l'objet aliéné, ont trouvé une résistance d'autant moindre, que la représentation étoit plus parfaite; ainsi, l'échange n'a jamais été contredite en elle-même, elle a été seulement soumise à toutes les épreuves qui pouvoient assurer que le titre d'échange étoit fidèle, et ne diminuoit point la consistance du Domaine. Après l'échange, les accensemens, en mettant le moindre taux possibles aux deniers d'entrées, ont paru une manière de procurer au Prince l'utilité de la terre, en le déchargeant des soins et des dépenses de l'exploitation. Les inféodations jadis mettoient entre les mains du Seigneur, par le service du vassal, une représentation de l'héritage. Actuellement, ce service n'est nullement intéressant, et n'offre au Prince que ce qu'il a d'ailleurs droit d'exiger en vertu d'un titre supérieur. Aussi sont-elles à-peu-près tombées en désuétude. Les ventes enfin, sont regardées comme impossibles, et de plein droit, converties en engagemens. Tel est l'Etat actuel».

» Mais l'Etat possible a une autre étendue. Si on étoit dans le cas de croire que cette convention, par laquelle on met au nombre des droits essentiels de la Couronne, des objets auxquels la Nature n'attachoit pas cette qualité, contient au fonds plus d'inconvéniens que d'utilité; alors, non-seulement on pourroit, mais il faudroit s'empresser de la résilier. Heureusement cette convention est entre une autre partie et elle-même: il n'y a pas deux parties différentes, car la différence des parties consiste dans celle des droits et des intérêts, et il n'y a certainement ici qu'un intérêt commun et au Prince et au Peuple. La question de fait, de savoir s'il n'y a pas plus d'inconvéniens dans la séquestration des fonds unis au Domaine de la Couronne, que d'utilité; nous ne la traitons pas comme étant hors de notre matière. Bien des gens croiront qu'elle se résoud par un calcul assez simple. Il est bien certain que fonds ne produisent pas ce qu'ils produiroient à un Citoyen qui ne seroit pas obligé mettre autant de dégrés intermédiaires entre le Propriétaire et le Cultivateur. Or, le profit de ces dégrés intermédiaires ne devroit-il pas être la matière d'un commerce libre, plutôt que la matière des gratifications du Prince? Mais il ne faut rechercher cela que dans le système général des Finances; par conséquent nous nous imposons silence à ce sujet «.

On ne pouvoit résoudre d'une manière plus victorieuse, la question de l'inaliénabilité du Domaine, la décision de l'Auteur cité n'excepte rien; nous n'attaquons ici que les droits de Directe et leurs inconvéniens, rien n'empêche que le Roi ne possede des fonds d'une facile exploitation; en tout cas, c'est à l'administration d'apprécier ce qui convient à l'Etat; ce n'est pas là notre objet.

L'Auteur des Considérations sur l'Inaliénabilité du Domaine, propose d'aliéner le Domaine par inféodation pour cent ans, dans l'espérance de favoriser l'agriculture, de diminuer les frais d'administration, et de procurer des terriers. L'exécution de ce projet ne pareroit à aucun inconvénient, il laisse toutes les difficultés qui sont la suite des Loix Féodales, et des droits et propriétés qui s'entre-pénètrent réciproquement. Cette opération ressemblant, sauf la durée déterminée, à toutes les aliénations faites et révoquées tant de fois, toujours assurées perpétuelles, et toujours détruites, n'inspireroit aucune confiance; en l'aliénant de cette façon le Roi tireroit peu d'avantages de son Domaine, personne ne voudroit donner des deniers d'entrée de quelque considération, ni faire des dépenses de quelques conséquence pour améliorer les fonds, chaque Engagiste se croiroit exposé aux révocations, taxes d'augmentation et de supplément de Finance, dont les exemples sont si multipliés.

Le Domaine consiste principalement en cens, rentes et casuels Féodaux; les acquéreurs les perdroient et confondroient dans leurs fiefs. Bientôt le Roi seroit dans l'impossibilité d'exercer la rentrée à l'expiration de l'inféodation, et même d'en faire payer les rentes. On viendroit à bout de faire disparoître les objets. Ce moyen de disposer du Domaine doit être rejetté, puisqu'il le perdroit également pour le Roi qui n'en retireroit pas d'utilité, et pour les Peuples qui resteroient dans les liens de la Féodalité.

Le Roi ne peut tirer un meilleur parti de ces cens, rentes et devoirs, qu'en admettant les vassaux à les racheter, et en les consacrant, par cette voie, à la liberté. On anéantiroit ces droits de la manière qu'ont été anéantis les devoirs de service militaire, et l'esclavage des personnes; chaque fond étant affranchi en particulier, moyennant un prix, il deviendroit impossible de recomposer un corps de mouvance, la mouvance seroit perdue sans retour, il n'existeroit plus aucun corps de fief que l'on puisse être tenté de ressusciter, l'affranchissement faisant des progrès, il n'y auroit plus moyen de reconnoître ce qui fut mouvance du Domaine, pas plus qu'on pourroit aujourd'hui retrouver les descendans de ses anciens esclaves. Cette opération obtiendroit une entière confiance, et seroit accueillie comme l'ont été celles des affranchissemens des personnes; les vassaux ne pourroient jamais être inquiétés, ni même en concevoir la crainte.

Le Roi a heureusement ce moyen, de déterminer doucement l'abolition du droit féodal : Sa Majesté ne peut mieux faire que d'en user.

L'opération seroit très-simple; le Roi permettroit à tous ses vassaux de racheter toutes rentes, devoirs et servitudes féodales.

Celles qui sont dues en argent ou en denrées, ou en services qui ont une valeur, telles que les corvées, seroient rachetées, moyennant le capital au denier trente ou quarante, l'obligation de la foi-hommage seroit rachetée moyennant un prix proportionné à la dignité du fief. Je me persuade que le Roi accorderoit une composition plus douce que les autres Seigneurs, tant pour accélérer l'opération que pour empêcher ses vassaux de porter leur mouvance à d'autres Seigneurs.

Au moyen de ce rachat, tous les héritages, relevans du Domaine, seroient et demeureroient à jamais francs et libres comme les personnes même des François, et seroient possédés *optimo jure*

Les Propriétaires demeureroient néanmoins libres de racheter ou non leurs servitudes, mais leurs héritiers ou acquéreurs seroient obligés de les racheter avant d'entrer en possession. Après la révolution des ventes et des successions le Domaine n'auroit plus que des vassaux entièrement libres, cette liberté des personnes et des fonds constitueroit son caractère.

Le Roi recueilleroit des avantages considérables de cette opération; tous les vassaux usurpés et passés sous d'autres Seigneuries, viendroient d'eux-mêmes apporter les titres de leur dépendance, offrir le prix de leur liberté, et se ranger sous le Domaine qui recouvreroit, sans frais, tous les vassaux et le prix de ses mouvances usurpées. Sa Majesté retireroit ainsi des sommes considérables, qui pourroient être employées à l'acquittement des dettes les plus onéreuses de l'Etat.

Les vassaux seroient délivrés de toutes les peines, pertes de tems, vexations, procès que leur attirent des droits douteux autant que minutieux; plus de voyages aux recettes, plus d'amendes ni de saisies féodales, plus de terriers, plus de recherches des anciens cens et charges, plus de ces formalités coûteuses de foi, si inutiles envers un Roi qui auroit tout rendu libre, la liberté adoreroit son auteur, et l'amour seroit l'hommage perpétuel et le seul titre de vassalité. Les lods et le relief, les dîmes et champarts, ne prendroient plus une partie du prix et des produits des fonds, et ne feroient plus un obstacle aux améliorations.

Les vassaux du Domaine ne seroient plus sujets à l'ensaisinement, formalité coûteuse à chaque mutation de toute nature, et qui s'exige par voie de contrainte (1).

Les propriétaires iroient habiter des campagnes où ils pourroient se glorifier de l'indépendance la plus flatteuse, leur présence embelliroit, amélioreroit et ennobliroit la culture qui semble attendre ce nouveau secours pour arriver à sa perfection.

Ces vérités vous sont sensibles comme à moi; je ne vous les rappelle que pour vous mieux convaincre que les espérances dont

---

(1) L'ensaisinement a été introduit par quelques coutumes, et à leur imitation, il a été établi par Edit de Décembre 1701, pour la conservation des mouvances du Domaine. De cet établissement il n'est résulté encore de certain, que beaucoup de procès, des frais considérables pour les Vassaux, peu d'utilité pour les Officiers chargés de cette formalité, et nul avantage connu pour le Domaine. Les droits de cette formalité sont, pour les biens de valeur de 100 liv. et

	liv.	s.
au-dessous	1	10
De 500 livres, jusqu'à 5000 livres. .	4	10
De 5000 livres, jusqu'à 10000 livres .	9	
Pour ceux au-dessus de 10000 livres .	30	

L'ensaisinement doit être fait à chaque mutation; ce droit est donc une charge sensible aux Vassaux des Domaines du Roi, dont ils se trouveroient soulagés par l'abolition des mouvances et directes.

je vous entretiens, sont puissamment fondées.

Bientôt les vassaux des autres Seigneurs se procureroient les mêmes avantages que SA MAJESTÉ auroit accordés aux vassaux de ses Domaines. Jusqu'à présent les Seigneurs ont été dupes de l'habitude; il est difficile de concevoir comment ils ont négligé de convertir leurs directes en propriétés foncières.

Il n'y a pas de vassaux qui ne rachetassent au denier cinquante ou soixante, et même plus chérement, tous les cens, surcens, corvées, etc. (1) les droits de lods, de re-

(1) Un des Vassaux à qui l'on répond, fatigué des cens et rentes, des amendes qui en résultent quand le paiement n'en est pas fait à jour nommé, pria le Seigneur d'un de ses héritages, de l'admettre au rachat de la rente, il y a consenti; mais ce Vassal a bien été puni de ne pas savoir souffrir les rentes; le Fermier-général a dit que la rente étoit Seigneuriale, et par conséquent noble, qu'étant réunie à l'héritage, l'héritage devenoit noble aussi; sur ces principes il a été condamné au Franc-fief qu'il a fallu payer. Lors de l'affranchissement on remédieroit sans doute à cet inconvénient; ne pourroit-on pas, dès ce moment, restreindre le droit de Franc-fief à la rente? Ce desir paroît bien juste.

lief, de champart, se racheteroient aussi avantageusement, les bannalités plus chérement encore ; ainsi un Seigneur retireroit de la vente de ces droits plus qu'il ne vendroit toute sa terre, en y comprenant les domaines et les édifices ; il remplaceroit ces droits par l'acquisition de fonds à sa convenance ; il seroit le maître de choisir, parce qu'il ne consommeroit le traité d'affranchissement des fonds d'un ou plusieurs vassaux, ou de la généralité, qu'à condition qu'on lui donneroit tels ou tels héritages pour prix de l'affranchissement.

Cet affranchissement se feroit sur le pied

La révolution du systême Féodal n'ayant pas suivi celle des mœurs, il a dû en résulter une infinité d'inconséquences. En voici encore une sur le Franc-fief ; les Fiefs étoient destinés à ceux qui faisoient le service militaire ; le seul fait de ce service constituoit la noblesse ; celui qui portoit les armes pouvoit donc posséder le Fief. Aujourd'hui il n'en est pas de même, un militaire qui n'est pas né noble, est obligé de payer le Franc-fief, jusqu'à ce qu'il ait atteint le grade général qui tient lieu d'annoblissement ; de sorte que, quoiqu'il soit militaire, il subit la taxe imposée dans le principe, sur ceux qui ne portoient pas les armes, et depuis rejettée sur les personnes qui ne prouvoient pas une origine noble, c'est-à-dire, militaire.

du droit brut, c'est-à-dire, tel que le vassal le paie, tandis que le Seigneur ne peut le compter dans ses recettes qu'après les déductions et frais que ces droits essuient dans les fermes et cueillettes, ainsi ces rentes et devoirs étant rachetés au denier soixante, tripleroient et au-delà les revenus du Seigneur, qui placeroit le capital du rachat au denier vingt; je suppose quelques parties de cens montant à douze livres, le Seigneur n'en tire dans sa régie ou dans son bail, que neuf livres au plus : si le Seigneur reçoit le rachat de ces rentes au denier soixante, il en aura 720 livres qui, au denier vingt, lui produiroient 36 livres, qui font quatre fois le net de la rente féodale. La somme de 720 l. placée en fonds, produiroit le triple du cens.

Outre cette augmentation des revenus, les Seigneurs seroient soulagés dans la même proportion des dépenses de leur régie et administration (1); ils savent tous que les

(1) Pour mieux juger l'énormité des frais qui sont attachés à l'exercice du genre de propriété qu'on nomme directe, il faut voir les opérations indiquées dans le Traité *des Terriers par M. Belami; l'Instruction pour la distribution et l'arrangement des Archives; l'Instruction pour les Seigneurs et leurs Gens*

droits résultans des Fiefs, sont ceux sur lesquels s'élèvent les plus grandes, les plus nombreuses, les plus coûteuses et les plus interminables difficultés; que ce sont ces difficultés qui les mettent dans la nécessité d'avoir un Conseil auprès d'eux; des Intendans, un Conseil dans les capitales des Provinces où les terres sont situées, des Régisseurs, des Commissaires à terriers, des Archives immenses : tel grand Seigneur qui a pour quarante mille francs de ces dépenses, les verroit réduites presqu'à rien; un Fermier ou Receveur lui suffiroit; il auroit plus que doublé son revenu, rendu la paix à ses vassaux, répandu le bonheur dans ses terres, et en jouiroit lui-même : d'ail-

---

d'affaires. Combien d'Etats de mouvance en Fiefs et en rotures, des possesseurs, de leurs titres, d'extraits, de plans géométriques, de registres, combien de soins pour suivre les mutations, combien de précautions contre le Féodiste et les Vassaux, que de vigilance et que d'inquiétudes pour ne point altérer ou laisser altérer les droits? Peut-on appeller un bien des propriétés si exigeantes, et si assujettissantes? Il n'y a que des Procureurs et des Commissaires à Terriers qui puissent conseiller sérieusement de les conserver en nature.

leurs, les Seigneurs ne perdroient rien de l'autorité et des droits honorifiques attachés à la Justice et au Patronage, l'utilité commune des Seigneurs et des vassaux doit donc les rapprocher, et déterminer l'affranchissement dont nous nous entretenons.

Les Seigneurs d'un nom illustre, que leur naissance et leurs vertus appellent aux honneurs et aux dignités ; et qui jouissent de la première de toutes les considérations et des respects de leurs concitoyens ; ces maisons, dont la gloire est regardée comme le bien de la patrie, et leurs grands noms comme des monumens qui rappellent sans cesse les actions et les évènemens qui ont rendu le nom François un titre d'orgueil seroient-ils retenus par la crainte de perdre la qualité de Seigneur de telle Directe ? S'il existe quelque propriétaire de Directe qui craigne de perdre cette prétendue décoration, c'est que c'est-là tout son relief ; ce n'est point de celui-là que nous devons attendre l'exemple ; il appartient à des Seigneurs magnanimes de le donner et de se disputer cette gloire, la valeur de leurs ancêtres a déterminé de brillans évènemens ; la générosité de ceux ci en produira d'heureux ; leurs noms seront placés à côté de ceux des Rois qui les premiers affranchirent les personnes, et la nouvelle époque de l'affranchissement des fonds sera également consacrée dans notre histoire, avec leurs noms et les éloges dûs aux actions qui assurent le bonheur des peuples, repoussent loin d'eux les causes et les occasions de toutes leurs disgraces, et qui établissent une nouvelle base de force et de prospérité pour la Nation.

De combien d'avantages seroient suivis ces affranchissemens ! Les particuliers aisés qui, pour se soustraire aux bannalités, corvées et autres servitudes féodales, se retirent dans les villes qu'ils surchargent, et où ils se corrompent, reviendroient par millions habiter les campagnes ; leur industrie et leurs dépenses tourneroient au profit de l'agriculture.

La santé et les mœurs y gagneroient également, l'espèce humaine se régénéreroit. La multiplication des droits et assujettissemens altère la bonne-foi par autant de moyens que le redevable est obligé d'employer de ruses pour s'y soustraire ou les diminuer ; de-là les caractères cauteleux, la duplicité, la fausseté : si les efforts sont inutiles,

tiles, le sujet tombe dans l'abrutissement; tel est l'état de l'esclave Russe et Polonois, et à-peu-près celui du main-mortable Comtois.

Ainsi tomberoit la miriade des Loix féodales, labyrinthe multiplié, comme les Coutumes et leurs droits (1), et finiroient

(1) Quelque assurés que nous soyons que la plupart des Lecteurs ne verront aucune exagération dans tout ce que dit l'Auteur sur la complication et les embarras du droit Féodal, on croit devoir leur rappeller qu'il y a plus de trois cens espèces de redevances Féodales qui se subdivisent à l'infini. Par exemple, les *rentes* sont foncières, arrière-foncières, héréditaires, inféodées, requérables, Seigneuriales, séchées, volages; un *Seigneur* est Censier, direct, dominant, féodal, foncier, sur-foncier, haut-justicier, nouveau, féager, suzerain, utile. Un *Fief* est Fief d'honneur, de profit, de danger, de dignité, simple, lige, corporel, incorporel, de plejure, rendable, de paisse, ouvert, couvert, dominant, servant, abandonné, abrégé, ample, amété, chevel, de corps, éclipsé, empiré, ferme, franc, de haubert, mort, vif, noble, rural, roturier, en aînesse, en pairie, en parage, en pariage, de reprise, etc. Le *Cens* est simple, abonné, féager, cher-cens, double-cens, rogo, sur-cens, suzerain, etc. On prendroit pour une plaisanterie une plus longue énumération, et les dénominations passeroient pour pure invention, quel-

les millions de procès de la tyrannie féodale qui plaide sans terme et sans mesure pour un cens d'un obole, et se réveille en fureur après un siècle de repos et de silence.

De cet état contentieux sont nés la foule des procès et la milice innombrable des Praticiens qui sement la discorde dont ils vivent; ainsi le tems, l'industrie et l'activité d'une partie de la Nation, se consume à disputer et débatre sur la liberté ou la servitude, l'étendue ou le genre de servitude des fonds que mille droits et Coutumes asservissent.

Tous les sujets perdus (pour me servir de l'expression de Rabelais) *à grabeler*, ces vieilles Loix, ces comptes, ces terriers, ces cens seront une conquête pour l'Agriculture et les Arts.

Les Loix civiles se réduiroient aux seuls objets des conventions, des partages, des limites et des successions.

L'assiette des impôts deviendroit très-facile, n'y ayant plus qu'une espèce de propriété.

L'Etat, le Clergé, les Seigneurs, les Com-

---

qu'exactes et vraies qu'elles fussent; on finit donc ici un article qui pourroit faire un volume.

munautés pourroient payer leurs dettes avec le prix de l'affranchissement des Droits Seigneuriaux de leurs Directes et Seigneuries.

Ces grandes considérations sont de nature à toucher le cœur des Seigneurs également citoyens et hommes d'Etat, dont vous dépendez; je ne doute pas qu'elles n'agissent autant sur eux que celles de leur intérêt, ainsi, Messieurs, loin de vous engager dans aucun procès, je crois que vous devez vous rapprocher de vos Seigneurs, leur exposer combien les charges féodales que vous subissez, et qui vous désespèrent, leur sont peu profitables, observez-leur combien il résultera d'avantage pour eux, pour l'Etat et pour vous, de vous admettre au rachat de ces droits; distingués par leurs sentimens autant que par leur naissance et leurs dignités, ils seront sensibles au plaisir de faire un grand bien, ils saisiront les moyens nouveaux que vous leur en présenterez: je ne doute point que vos offres ne soient admises, sur-tout si elles sont générales, je veux dire si tous les vassaux de la même Seigneurie font les mêmes offres.

Quant aux parties qui sont mouvantes du

Domaine, vous pourriez adresser au Ministre un Mémoire motivé, contenant votre demande, et des Observations sur les difficultés résultantes de l'inaliénabilité du Domaine : la bonté de son cœur ajoute encore à ses lumières, et les dirige toutes vers tous les moyens de faire le bien ; il sentira combien il lui convient de faire joindre son nom à ceux des *Garlande* et des *Suger*, promoteurs de l'affranchissement des personnes. L'excellent Prince qui nous gouverne, ne cherche que les moyens de faire le bien de ses Peuples qu'il chérit, et dont il est adoré ; or ce moyen peut opérer les avantages les plus précieux pour ses sujets. Il est d'autant plus essentiel de faire parvenir votre demande au Ministre, que le Roi étant Seigneur dominant de tous les Fiefs du Royaume, on ne pourroit faire avec sûreté des opérations qui changeroient l'état des Fiefs, que du consentement de Sa Majesté : elle peut au contraire affranchir sans le consentement des Seigneurs même dans leurs Fiefs ; il est donc nécessaire, ou du moins très-sage, de faire précéder les affranchissemens des mouvances du Domaine, ou du moins d'obtenir des Lettres du Roi portant consentement aux affranchissemens qu'accorderoient les Seigneurs (1).

Il n'est pas inutile, Messieurs, pour vous mieux mettre à même de motiver vos demandes et démarches, de vous faire connoître quelques Ordonnances rendues pour l'affranchissement des personnes : voici comment s'explique celle de *Louis Hutin*, du 3 Juillet 1315.

« LOUIS, par la grace de Dieu, Roi de France et de Navarre : A nos amés et féaux. Comme, selon le droit de nature, chacun doit être franc, et par aucuns Usages ou Coutumes..... moult de personnes de notre commun peuple soit enchue en lieu de servi-

(1) Il faut remarquer que les droits dont on propose l'extinction, ne produisent rien au Roi ; Sully l'avoit déja remarqué ; il dit, « qu'ayant vérifié en faisant de dix années une commune, tant desdits revenus que des frais et dépenses faites pour les faire valoir, qu'il s'en faut d'un cinquième que le Roi en tire aucune chose, desquels néanmoins en les vendant, l'on pourroit faire un fonds de plusieurs millions pour racheter toutes les bonnes rentes constituées au denier dix ; ce qui apporteroit une grande décharge aux finances du Roi ».

M. de Sully.

tude... qui moult nous déplaît : Nous considérant que notre Royaume est dit et nommé le Royaume des Francs, et voulant que la vérité soit accordante au nom, et que la condition des gens amende de Nous en la venue de notre nouvel Gouvernement; par délibération de notre Conseil, avons ordonné et ordonnons que, généralement par-tout notre Royaume,.. telles servitudes soient ramenées à franchise.., franchise soit donnée à bonnes et valables conditions..... et pour que les autres Seigneurs qui ont homme de corps prennent exemple à Nous de eux ramener à franchise... ».

Ces paroles précieuses: *Voulons que la condition des gens amendes de Nous en la venue de notre nouvel Gouvernement*, sont dignes de notre Monarque; c'est ainsiqu'il s'est expliqué dans son premier Edit, et qu'il s'expliquera sans doute encore chaque fois qu'il usera de sa puissance, et sur tout pour consommer l'œuvre de l'affranchissement.

S'il falloit des preuves des mauvais effets que produisent toutes les espèces de gênes et servitudes féodales et autres, on les trouveroit dans l'Ordonnance de *Philippe-le-Bon*, Duc de Bourgogne, de Septembre 1424, portant affranchissement de la Terre de Faucogney : en voici les principaux traits.

« PHILIPPE, par la grace de Dieu, Duc de Bourgogne, etc. Savoir faisons que, comme nos bien amés les habitans des Villes, de notre Terre, Châtellenie et Seigneurie de Faucogney, nos hommes main-mortables de condition serve, nous ayant par plusieurs fois humblement fait exposer la grande diminution et petit nombre de peuple étant de présent esdites Villes.... qu'anciennement souloient être bien peuplées, et ainsi la grande désolation, en quoi est et vient de jour en jour notredite Terre, Châtellenie et Seigneurie de Faucogney pour cause de ladite main-morte, pour occasion de laquelle plusieurs habitans desdites Villes s'en sont allé demeurer et marier leurs enfans autre part en lieu franc.... et n'y veuillent venir demeurer aucuns étrangers; pourquoi icelles Villes sont en voie de venir en totale dépopulation, si par Nous n'étoit pourvu en affranchissement de ladite main morte et serve condition desdits habitans et leurs successeurs....Pour ce est-il dit, Nous.... avons pour Nous, nos hoirs, et successeurs, de notre certaine science et grace spéciale, nosdits hommes et habitans en nosdites Villes, et tous autres qui pour le tems advenir y résideront et habiteront, et chacun d'iceux affranchis et affranchissons par ces Présentes, à toujours perpétuellement de ladite main-morte, et icelle ôtant et annullant, et mettant du tout à néant ».

On voit que l'intérêt du Souverain a dicté cette Loi, autant que celui des peuples.

Léopold, Duc de Lorraine, dont la mémoire sera toujours glorieuse et toujours chere à la Nation qu'il a gouvernée, et dont l'exemple sera à jamais la meilleure leçon des Souverains, comptoit parmi les plus consolantes de ses Loix, celle par laquelle il avoit aboli la main-morte, tant dans ses Directes, que dans celle des Seigneurs particuliers; il usa de l'autorité souveraine pour tout affranchir, et regler en même tems son indemnité et celle des Seigneurs. On doit joindre ce monument de sagesse et de bienfaisance aux précédens.

« LEOPOLD, par la grace de Dieu, Duc de Lorraine, etc. Comme nous n'estimons rien de plus digne de notre attention, que de conserver la liberté des Peuples que Dieu a soumis à notre obéissance, et de la rendre égale entr'eux, en supprimant les servitudes trop odieuses, auxquelles quelques-uns d'entr'eux se trouvent sujets, par rapport et par raison du lieu de leur domicile et des Seigneuries sous lesquelles ils résident, ayant été informé qu'en plusieurs contrées de nos Etats.... nous jouissons, dans les terres dépendantes de notre Domaine, et nos vassaux jouissent, dans l'étendue de leurs Fiefs et Seigneuries, d'un droit de main-morte qui nous attribue, et à nosdits vassaux, celui de recueillir leurs successions mobiliaires..... ce qui les retenoit dans des gênes très-facheuses.... et ne laissoit pas de retenir encore quelques marques d'une espèce d'ancien esclavage, qui rendoit les peuples, qui y sont sujets, méprisables chez leurs voisins, et qui, d'ailleurs, les troubloit et gênoit dans leur conscience, par les moyens qu'ils cherchoient pour frauder les Seigneurs qui jouissoient de ce droit sur eux.,.. Nous avons éteint et supprimé, dans tous nos Etats, Terres et Seigneuries de notre obéissance, le droit de main-morte personnelle, de même que le droit de poursuite.... Faisons très-expresses inhibitions et défenses à nos Procureurs-Généraux, leurs Substituts et Fermiers de nos Domaines, et à tous nosdits vassaux Ecclésiastiques et Séculiers, de lever à l'avenir, ledit droit de main-morte........ Et parce que ce droit de main-morte, dans les lieux où il étoit légitimement établi au profit de notre Domaine ou de nosdits Vassaux, faisoit une partie considérable des revenus des Terres, Seigneuries et Fiefs auxquels il étoit annexé, et qu'il ne seroit pas juste de les en dépouiller sans leur en accorder une indemnité raisonnable; Nous voulons et ordonnons, que les habitans et résidans dans l'étendue des Seigneuries, où ce droit étoit établi et en usage sur eux, payent à l'avenir annuellement, soit à notre Domaine, soit à celui de nosdits Vassaux, par chacun ménage, un bichet de seigle..... permettons à tous ceux qui sont nés ou résidans dans les Terres et Seigneuries où le droit de main-morte étoit ci-devant établi, d'en sortir librement pour s'habituer où bon leur semblera. Donné à Lunéville, le 20 Août 1711 ».

Dès cette époque les peuples de la Lorraine ont pris une activité incroyable qui rend cette Province une des premières de l'Europe pour l'industrie, les Arts, l'Agriculture, l'Economie, et la grande quantité de Manufactures de toute espèce.

Le droit du Roi s'étendoit, non-seulement à affranchir ses Vassaux et à ordonner aux Seigneurs d'affranchir les leurs ; mais encore le Roi pouvoit affranchir ceux-ci malgré les Seigneurs qui ne pouvoient alors que demander une indemnité. « Il y avoit, dit Bouchet, (Lettre A, verbo Affranchissement) quelques habitans du pays de Charolois, ou autre pays de Bourgogne, qui étoient sujets d'une Dame, et lui étoient serfs et main-mortes, ces habitans prennent du Roi Lettres d'affranchissement, moyennant finance qu'ils payent ; la Dame, *quæ patrona erat*, s'oppose et dit, que *invitâ patronâ manu missio concedi non potuit à principe*. Par Arrêt prononcé en robes rouges par M. le Président Séguier, le vendredi premier jour de Juin 1571 ; fut dit que l'affranchissement tiendroit et sortiroit effet en payant par lesdits sujets l'indemnité à la Dame ».

Comme les affranchissemens personnels sont depuis long-tems devenus généraux en France, il n'est plus possible d'y remarquer par la comparaison avec les lieux non-affranchis, le bon effet de l'affranchissement; mais cette comparaison peut se faire, 1°. De la France avec les Etats où règne encore l'esclavage, 2. Elle peut se faire dans les Provinces où il reste des main-mortables, comme en Franche-Comté; les Domaines des anciens Souverains et les terres des Seigneurs qui les ont affranchis sont infiniment plus peuplés, les peuples plus commerçans et plus industrieux que ceux des Seigneuries des Moines de Luxeuil, Saint Claude, etc. qui gémissent encore sous cette servitude qui les abrutit.

L'avantage de la liberté des fonds peut s'établir aussi par la comparaison des cantons tenus en franc-alleu, avec ceux chargés de corvées, bannalités, ect. La différence est frappante (1). Au surplus, faut-il des preuves de ces vérités élémentaires? vous les exposerez, et ceux qui les écouteront seront persuadés comme vous et moi.

---

(1) En Italie, où les charges Féodales et foncières sont très-peu de choses, les Campagnes sont beaucoup plus peuplées, à proportion que les Villes. Voyages de M. Grosley.

J'ai passé de l'affranchissement des mouvances du Domaine, à celles des Seigneurs; de celles-ci à celles du Domaine, parce que je ne sais où vous aurez le plus prompt succès. Il conviendroit sans doute que l'opération fût ouverte en même-tems, et généralement, cette concurrence lui donneroit une merveilleuse activité, elle ne tarderoit pas à être consommée.

Comme cette opération pour le Domaine est extrêmement importante, je crois devoir ajouter une observation essentielle pour répondre à une objection qu'on pourra vous faire. Par une déclaration du 28 Janvier 1651, Louis XIV accorda la faculté aux possesseurs de biens en la censive et mouvance du Roi, de les affranchir du paiement des lods et ventes, quints, requints, reliefs, treizième, rachats et autres droits casuels en payant l'indemnité à S. M. On vous dira que cette Déclaration fut sans effet; que si quelques possesseurs ont, sur la foi de cette Déclaration, acheté cet affranchissement, ils en ont peu joui, ou ils ont été soumis à des taxes et augmentations qui ont rendu leur affranchissement illusoire; que l'affranchissement que vous désirez n'auroit pas plus de succès.

La réponse à ce raisonnement est facile. La Déclaration de 1651 n'étoit qu'une opération de finance. Outre la disposition dont on vient de parler, elle en contenoit d'autres, qui en expliquent parfaitement le but; elle réunissoit à la Couronne tout le Domaine qui en avoit été distrait; en ordonnoit la vente et revente, ensemble des Offices et droits Domaniaux ci-devant aliénés à faculté de rachat; accordoit la faculté d'affranchissement des droits Seigneuriaux dont on vient de parler; et faute par les possesseurs de faire l'acquisition de ces droits, permettoit à toutes personnes de les acquérir, soit en particulier, soit en gros. Tout manifeste dans cette Déclaration, une opération dictée par le délabrement des finances, une aliénation morcelée du Domaine dans un tems où l'opinion de l'inaliénabilité avoit toute sa force, aliénation ordonnée par une loi qui révoquoit les précédentes, et qui dès-lors portoit la preuve de son propre vice d'instabilité, et interdisoit toute confiance; aussi n'en obtint elle pas.

La loi que vous êtes dans le cas de solliciter est au contraire une loi d'administration, loi désirée par tous les Vassaux, loi qui, ayant manqué jusqu'ici, a empêché les affranchissemens qu'eussent faits les Seigneurs, loi qui doit donner la paix aux peuples, et dissiper les entraves qui les contraignent; loi de bonheur et de prospérité, loi qui est, non-seulement au pouvoir du Roi, mais qui est au nombre des devoirs de la Royauté. Quel présent pour la Nation, quelle gloire, quelle volupté pour un Roi qui dissipera les derniers vestiges de la barbarie Féodale; ces droits nés de l'oubli et de la violation des loix, de l'usurpation de l'autorité, et du pervertissement de tous les principes. Quoi! la tyrannie et le désordre seront seuls puissans pour changer les Gouvernemens et flétrir les Nations; et l'autorité légitime sera sans pouvoir pour rappeller la raison et le bonheur, bannis par le délire Féodal, et nous gémirions sans ressource et sans terme sous d'*inaliénables* erreurs? Cette idée seroit un blasphême contre l'autorité Royale toute puissante pour le bien, et contre l'institution d'un Gouvernement paternel, dont le but est de tendre sans cesse à la perfection; il n'y a dans notre Monarchie de bornes à l'autorité, que celles de la justice. L'injustice seule est un obstacle à la puissance législative ; il n'y a point de loi qui ne puisse être changée en une meilleure, point d'abus qui ne puisse être réprimé ; enfin point de bien qui ne puisse être opéré par cette puissance, qui embrasse tout, et que la sagesse et la bonté dirigent.

Je suis, etc.

Post-Scriptum. Après avoir relu ma Lettre, je vois qu'elle laisse beaucoup de choses à dire. Mais n'ayant pas le loisir de traiter plus longuement cette matière, je me bornerai à ajouter quelques réflexions.

La Domanialité ne vaut pas mieux à conserver que la Féodalité.

On peut dire, eu égard au mauvais état des Domaines, qu'ils sont dans le cas des terres vaines et vagues que l'Ordonnance permet d'aliéner.

Le Roi tireroit plus des impôts ordinaires, que supporteroient les Domaines aliénés, qu'il ne tire des revenus du fonds.

La conservation des institutions Féodales n'est utile, ni à l'ordre public, ni au Roi, ni à l'Etat, ni aux particuliers.

Le Domaine éminent de la souveraineté

est

est plus efficace que la suzeraineté, l'autorité Législative plus puissante que l'autorité Féodale, et le droit de Citoyen présente des liens plus précieux que ceux de Vassal et de Seigneur; la Majesté du Trône ne reçoit aucun éclat des foi et hommages, et le serment du Vassal ne vaut pas celui de l'amour des François pour leur Roi.

La Féodalité contrarie la production des richesses naturelles, elle n'est point analogue aux mœurs et aux intérêts actuels de la Nation; ni la vieille opinion qui protège la Féodalité, ni son antiquité ne peuvent empêcher les bons effets des affranchissemens volontaires.

L'indemnité que paient les gens de main-morte lorsqu'ils acquièrent dans la mouvance d'un Seigneur, pourroit servir de règle pour le prix de l'affranchissement des casuels Seigneuriaux.

Les foi et hommages sont étrangers à nos mœurs, d'ailleurs cette servitude pèse également sur les Seigneurs et sur les Vassaux, étant obligés de faire ces devoirs à ceux de qui ils relèvent eux-mêmes.

Ces devoirs ne doivent être rendus qu'au Souverain.

On a défendu les contrats aux mineurs, les donations entre maris et femmes, les contrats de rentes à un plus fort intérêt que celui de l'Ordonnance, parce que ces actes présentoient des inconvéniens qui alloient contre le but de la législation ; pourquoi ne défendroit-on pas tous les actes et contrats qui contiendroient une inféodation nouvelle, et l'imposition de quelques charges Féodales? dès-là que ces charges et devoirs contrarient le vœu de la société qui est la meilleure culture possible, la propriété la plus parfaite, la tranquillité la plus profonde que les droits Féodaux détruisent ou empêchent absolument.

Les Romains, dont les loix étoient l'ouvrage de la raison, qui n'en avoient point fait par hazard, et qui n'avoient que des usages nés des mœurs et de l'amour de la patrie, n'ont jamais connu les fiefs ni l'inaliénabilité du Domaine ; ils savoient que celui qui acquiert, le fait dans l'intention d'améliorer; ils n'avoient garde de gêner des mutations qui opéroient le bien public, ni d'introduire des contrats tels que l'inféodation, qui donnant et retenant à la fois le même fonds, laisse mille obstacles à la culture, et détruit la liberté.

La loi qui permettroit le rachat des droits Féodaux, ne seroit point la première de cette nature. Personne n'ignore que nos Rois ont déja délivré de la servitude des rentes foncières les maisons de la Ville de Paris, et des différentes autres Villes et Bourgs du Royaume, en autorisant les débiteurs à rembourser les rentes foncières assises sur ces maisons (1). Quel a été le motif qui a fait faire ce premier pas vers l'affranchissement? C'est, dit Ferriere, *afin que les habitans des Villes soient plus soigneux de conserver et d'augmenter les bâtimens*, et *ne les négligent pas pour raison des charges perpétuelles et non rachetables, dont ils seroient chargés.*

Si un pareil motif a suffi pour délivrer les maisons des Villes, quel motif plus puissant n'a-t-on pas pour en délivrer aussi les biens de la Campagne?

L'Angleterre donna un grand exemple au seizieme siècle, en affranchissant les terres dépendantes de l'Eglise et des Moines: ça été une des principales causes de sa prospérité.

---

(1) Edits et Déclaration de 1441, 1539, 1552, 1553 et 1554.

La nécessité de la liberté, soit pour les choses, soit pour les personnes, s'est fait sentir par-tout, et dans tous les tems. Par Edit du 20 Janvier 1762, le Roi de Sardaigne a affranchi tous les Serfs du Duché de Savoie. La Russie cherche à rendre libres et propriétaires ses Esclaves.

Dans les derniers Etats-Généraux, tenus à Paris en 1615, le Tiers-Etats supplia le Roi de faire exécuter les anciennes loix contre la servitude de la Glebe. On trouve, dans les arrêtés du premier Président de Lamoignon, le projet d'un Règlement pour l'abolissement de toutes les main-mortes, les personnelles et réelles.

Les droits de cens, rentes, champarts, dîmes et tous autres droits réels et fonciers, sont des co-propriétés qui diminuent le travail du possesseur autant que les avantages qu'il en retireroit. Cette communauté dans le bénéfice décourage celui qui est seul à faire les mises du travail de la culture et des semences. Les communautés de bien, même les plus égales, ont été regardées, dans tous les tems, comme contraires à l'industrie et au bien de l'Etat. Nous lisons, dans un Rescrit des Empereurs Théodose et Valentinien, au Préfet du Prétoire Apollonius (*L. 2, Cod. quando et quibus*). *Naturale vitium est negligi quod communiter possidetur utque se nihil habere, qui non totum habeat arbitretur : denique suam quoque partem corrumpi patiatur, dum invidet alienam.*

Cette maxime du droit Romain a été admise dans notre droit François : *de biens communs on ne fait pas monceau!* dit Loisel, *Instit. Liv.* 3.

Ainsi la confusion de tant de droits et propriétés sur un seul fonds préjudicie à tous les co-propriétaires, et par conséquent à l'Etat.

Or, l'Etat a le droit de régler la forme des propriétés, etc.

ARRÊT

DE LA COUR

DE PARLEMENT,

Qui condamne une Brochure intitulée : Les Inconvéniens des Droits féodaux, *à être lacérée et brûlée au pied du grand Escalier du Palais, par l'Exécuteur de la Haute-Justice.*

EXTRAIT DES REGISTRES DU PARLEMENT.

Du vingt-trois Février mil sept cent soixante-seize.

CE jour, toutes les Chambres assemblées, les Princes et Pairs y séant, les Gens du Roi sont entrés ; et, Me, Antoine-Louis Seguier, Avocat dudit Seigneur Roi, portant la parole, ont dit :

MESSIEURS,

Nous venons de prendre communication du récit et de l'Imprimé que la Cour nous a fait remettre, et sur lesquels elle nous demande des conclusions sur le champ.

Il nous est bien difficile, dans un si court espace de tems, de rassembler toutes les réflexions que doit faire naître un Ouvrage de cette nature ; nous ne pouvons que gémir ici publiquement sur l'espèce de phrénésie qui semble agiter ces esprits turbulens, que l'amour de la liberté et de l'indépendance portent aux plus grands excès, et qui leur fait envisager le bonheur dans la subversion de toutes les règles, de tous les principes, et dans l'anéantissement même des Loix qui ont assuré jusqu'à présent les propriétés, non-seulement dans les familles, mais encore dans la personne même du Souverain.

A la lecture des nouveaux Ecrits en tout genre, dont le Public est inondé, et sur-tout à la vue de cette Brochure, *sur les inconvéniens des Droits Féodaux*, on est tenté de croire qu'il existe dans l'Etat un parti secret, un Agent caché, qui, par des secousses intérieures, cherche à en ébranler les fondemens ; semblable à ces Volcans qui, après s'être annoncés par des bruits souterrains, et des tremblemens successifs, finissent par une éruption subite, et couvrent tout ce qui les environne d'un torrent enflammé de ruines, de cendres et de laves, qui s'élancent du foyer renfermé dans les entrailles de la terre.

Chaque Peuple a ses mœurs, ses Loix, ses Coutumes, ses usages ; ces Institutions politiques forment l'Ordre public ; intervertir cet Ordre, c'est souvent toucher à la Constitution même du Gouvernement que les Nations ont adopté ; il est reconnu que chez tous les Peuples les Loix tiennent à la nature de leurs esprits, à leurs caractères, à leurs opinions ; tout Législateur doit donc consulter le génie des hommes qu'il veut rendre ou plus sages ou plus heureux : c'est d'après ce principe que nous avons vu différentes Loix se succéder en France ; et la sagesse de nos Souverains a toujours cherché, dans chaque circonstance qui exigeoit une Loi nouvelle, à la rendre., s'il est permis de parler ainsi, analogue à l'esprit des François. Par quelle fatalité arrive-t-il aujourd'hui que les Ecrivains se font une étude de tout combattre, de tout détruire, de tout renverser; et cet édifice des Ordonnances, ouvrage de tant de siècles, le fruit de la prudence des Souverains, le résultat des veilles des Ministres les plus éclairés, des Magistrats les plus consommés, il est traité par ces nouveaux Précepteurs du genre humain avec ce mépris insultant, dont les rêveries de leur imagination, exaltée par l'enthousiasme d'un faux système, sont seules susceptibles.

Ce seroit trop peu néanmoins de nous contenter de couvrir d'un mépris plus juste l'Ouvrage qui vous occupe en ce moment ; il en est peu qui soient en effet plus dignes de votre attention et de votre sévérité. L'adresse avec laquelle l'Auteur a combiné toutes les parties de son système destructeur, l'art qu'il emploie est capable d'en imposer aux Lecteurs qui ne sont pas versés dans la connoissance des Loix et de l'Histoire, ou à ceux qui n'en ont qu'une teinture superficielle. Le système qu'on veut accréditer est encore plus dangereux par les conséquences qui peuvent en résulter de la part des habitans de la campagne, que l'Auteur semble vouloir ameuter contre les Seigneurs particuliers dont ils relèvent. Il est vrai que ce projet ne se montre point à découvert; on insinue qu'ils ne peuvent que s'adresser à leurs Seigneurs pour demander la suppression et le rachat des droits seigneuriaux, qui ne pourra leur être refusé, si tous les vassaux se réunissent et sont d'accord pour faire les mêmes offres. Mais n'est-il pas sensible que cette multitude assemblée dans les différens châteaux de chaque Seigneur particulier, après avoir demandé cette suppression et offert le rachat, *échauffée* alors par les maximes qu'on leur aura débitées, *voudra peut-être exiger ce qu'on ne voudra pas leur accorder;* et en cas de refus, on les autorise à faire parvenir leur demande au Ministre, parce que le Roi peut *les affranchir, même sans le consentement des Seigneurs dans leurs Fiefs;* et d'après cet acte d'autorité, l'Auteur s'écrie, que *la liberté adoreroit son auteur, et l'indépendance seroit l'hommage perpétuel et le premier titre de vassalité.*

Que d'idées inconciliables dans ce peu de mots! et c'est cependant avec ces idées gigantesques et vuides de sens que l'on se promet de séduire les foibles et les ignorans, qui sont le grand nombre; mais en même-tems, quel danger de laisser germer des principes aussi contraires à la constitution ancienne de l'Empire François! que deviendra la propriété, ce bien si sacré, que nos Rois ont déclaré eux-mêmes qu'ils sont *dans l'heureuse impuissance* d'y donner atteinte? Non-seulement on veut détruire la propriété de tous les Seigneurs, car les droits féodaux, les corvées, les banalités, les cens, et autres de cette nature, sont une portion intégrante de la propriété; mais on ne craint point de renouveller les attaques qu'on a voulu porter dans tous les tems au Domaine de nos Rois, à l'inaliénabilité des droits de la Couronne. L'inaliénabilité, ce droit si précieux, pour lequel nos pères ont combattu avec un courage si héroïque, on le traite de *phantôme*, on le dénature, on l'anéantit, et on voudroit le faire envisager comme une barbarie inventée dans les premiers siècles de la Monarchie.

Les Coutumes elles-mêmes, les Statuts locaux qui régissent les différentes provinces du Royaume, aux yeux prévenus de cet Auteur téméraire, ce ne sont plus, ainsi que les droits qu'elles établissent, que des usages commandés par la tyrannie, et multipliés par la violence ; ils sont tous le fruit de l'ignorance et de l'usurpation ; et cependant personne n'ignore que les Coutumes, rédigées sous les yeux des Magistrats, et en vertu de l'autorité du Roi, ne sont, pour la plupart, que l'effet de la convention, et du concert des trois Ordres rassemblés, qui y ont donné leur consentement, et s'y sont librement et volontairement soumis.

Si l'esprit systématique, qui a conduit la plume de cet Ecrivain, pouvoit malheureusement s'emparer de la multitude, on verroit bientôt la constitution de la Monarchie entièrement ébranlée ; les vassaux ne tarderoient pas à se soulever contre les Seigneurs, et le peuple contre son Souverain. L'anarchie la plus cruelle deviendroit la suite nécessaire d'une indépendance d'autant plus redoutable, que rien ne pourroit en prévenir ou en arrêter les effets.

Ces considérations nous ont déterminé à vous proposer de faire lacérer et brûler une Brochure aussi séditieuse, après lui avoir donné les qualifications les plus fortes : puisse cet exemple de sévérité prévenir de pareils excès de la part de ceux qui, cachés sous le voile du mystère, se font un plaisir de semer dans le Public des idées capables de troubler la tranquillité et de renverser la propriété de tous les Citoyens !

C'est l'objet des conclusions par écrit que nous avons prises, et que nous laissons à la Cour, avec l'Imprimé et le récit qu'elle nous a fait remettre.

Et se sont lesdits Gens du Roi retirés.

Eux retirés.

Vu le récit, ensemble la Brochure imprimée, sans nom d'Auteur, intitulée : *Les Inconvéniens des Droits Féodaux*, avec cette Épigraphe : *Hinc.... mali labes.* VIRG. Imprimée à Londres, et se trouve à Paris chez Valade, Libraire, rue Saint-Jacques, 1776 ; contenant soixante-dix pages d'impression, précédée d'un Avertissement de l'Éditeur, contenant une page et demie d'impression. Conclusions du Procureur-Général du Roi. Oui le rapport de Me. Leonard de Saluguet d'Espagnac, Conseiller. La matière mise en délibération.

LA COUR ordonne que ladite brochure sera lacérée et brûlée au pied du grand escalier du Palais par l'Exécuteur de la Haute-Justice, comme injurieuse aux Loix et Coutumes de la France, aux droits sacrés et inaliénables de la Couronne, et au droit des propriétés des Particuliers, et comme tendante à ébranler toute la constitution de la Monarchie, en soulevant tous les Vassaux contre leurs Seigneurs et contre le Roi même, en leur présentant tous les droits féodaux et domaniaux comme autant d'usurpations, de vexations et de violence également odieuses et ridicules, et en leur suggérant les prétendus moyens de les abolir, qui sont aussi contraires au respect dû au Roi et à ses Ministres, qu'à la tranquillité du Royaume : Fait défenses à tous Imprimeurs, Libraires et autres, de l'imprimer, vendre, débiter ou autrement distribuer, à peine d'être poursuivis extraordinairement : Enjoint à tous ceux qui en ont des exemplaires de les remettre incessamment au Greffe de la Cour pour y être supprimés; ordonne qu'à la requête, poursuite et diligence du Procureur-général du Roi, il sera informé Pardevant Me. Etienne Berthelot de Saint-Alban, Conseiller, que la Cour commet à cet effet, contre les Auteurs de ladite Brochure; pour, l'information faite et communiquée au Procureur-général du Roi, être par lui requis, et par la Cour ordonné ce qu'il appartiendra; ordonne que le présent Arrêt sera imprimé, lu, publié et affiché partout où besoin sera. Fait en Parlement, toutes les Chambres assemblées, les Princes et Pairs y séant, le vingt-trois Février mil sept cent soixante-seize.

Signé LEBRET.

Et le Samedi vingt-quatre Févievr 1776, *à la levée de la Cour, ladite Brochure, énoncée en l'Arrêt ci-dessus, ayant pour titre :* les Inconvéniens des

Droits Féodaux, *a été lacérée et brûlée, au pied du grand Escalier du Palais, par l'Exécuteur de la Haute-Justice, en présence de moi Dagobert-Etienne Ysabeau, l'un des trois premiers et principaux Commis pour la Grand'Chambre, assisté de deux Huissiers de la Cour.*

Signé YSABEAU.

COPIE DE LA LETTRE DE M. DE VOLTAIRE,

A l'Auteur du Livre intitulé : *Les Inconvéniens des Droits Féodaux.*

Du 8 Mars 1776.

J'AVOIS lû, Monsieur, l'excellent Ouvrage dont vous me faites l'honneur de me parler, et toute ma peine étoit d'ignorer le nom de l'estimable Patriote que je devais remercier. Il me paroissait que les vues de l'Auteur ne pouvaient que contribuer au bonheur du Peuple et à la gloire du Roi ; j'en étais d'autant plus persuadé, qu'elles sont entiérement conformes aux projets et à la conduite du meilleur Ministre que la France ait jamais eu à la tête des Finances. Ce grand Ministre venait même d'abolir les Corvées dans le petit pays dont j'ai fait ma patrie depuis plus de vingt années. Non-seulement nos Cultivateurs étaient délivrés de cet horrible esclavage ; mais nous venions d'obtenir la franchise du sel, du tabac et de l'impôt sur toutes les denrées, moyennant une somme modique ; toutes nos Communautés, à la lettre, chantoient des *Te Deum*, enfin j'espérois mourir, à mon âge de près de 83 ans, en bénissant le Roi et M. Turgot.

Vous m'apprenez, Monsieur, que je me suis trompé, que l'idée de faire du bien aux hommes est absurde et criminelle, et que vous avez été justement puni de penser comme M. Turgot, et comme le Roi. Je n'ai plus qu'à me repentir de vous avoir cru, et il faut qu'au lieu de mourir en paix, mes cheveux blancs descendent au tombeau avec amertume, comme dit l'autre.

Cependant j'ai bien peur de mourir dans l'impénitence finale, c'est-à-dire, plein d'estime et de reconnaissance pour vous. Je pourrais même mourir martyr de votre hérésie : en ce cas je me recommande à vos prières, et je vous supplie de me regarder comme un de vos fidèles.

EXTRAIT

DES REGISTRES

DU PARLEMENT,

Du Samedi trente Mars mil sept cent soixante-seize.

CE jour, toutes les chambres assemblées, la Cour considérant qu'il importe à la tranquillité publique de maintenir de plus en plus les principes anciens et immuables qui doivent servir de règle à la conduite des Peuples, et que quelques esprits inquiets ont paru vouloir altérer, en essayant de répandre des opinions systématiques et des spéculations dangereuses :

Considérant en outre que, de la licence à laquelle se sont livrés ces esprits inquiets, il est déja résulté en divers lieux des commencemens de trouble également contraires à l'autorité du Roi, au bien de l'Etat, aux droits de propriété des Seigneurs, et aux véritables intérêts du Peuple ;

Considérant enfin qu'il est de son devoir, et conforme aux intentions du Roi, de maintenir l'ordre public, fondé sur la Justice et sur les Loix, et auquel la Monarchie doit, depuis tant de siècles, sa prospérité,

prospérité, sa gloire et sa tranquillité : Ouïs les Gens du Roi.

LADITE COUR a ordonné et ordonne à tous les Sujets du Roi, Censitaires, Vassaux et Justiciables des Seigneurs particuliers, de continuer, comme par le passé, à s'acquitter, soit envers ledit Seigneur Roi, soit envers leurs Seigneurs particuliers, des droits et devoirs dont ils sont tenus à leur égard, selon les Ordonnances du Royaume, Déclarations et Lettres-Patentes du Roi, duement vérifiées, registrées et publiées en la Cour, Coutumes générales et locales, reçues et autorisées, titres particuliers et possessions valables des Seigneurs. Fait très-expresses inhibitions et défenses d'exciter, soit par des propos, soit par des écrits indiscrets, à aucune innovation contraire auxdits droits et usages légitimes et approuvés, sous peine, contre les contrevenans, d'être poursuivis extraordinairement comme réfractaires aux Loix, perturbateurs du repos public, et de punition exemplaire : Enjoint à tous les Juges du ressort d'y tenir la main chacun en droit soi ; ordonne qu'à cet effet le présent Arrêt sera, à la poursuite et diligence du Procureur-Général du Roi, incessamment envoyé à tous les Bailliages et Sénéchaussées du ressort, même aux Justices seigneuriales ressortissantes immédiatement en la Cour, à l'effet d'y être lu, publié, registré et exécuté selon sa forme et teneur ; enjoint aux Substituts du Procureur-Général du Roi, et aux Procureurs-Fiscaux, d'y faire procéder sans délai, et d'en certifier la Cour au mois : Ordonne en outre, que le présent Arrêt sera imprimé, publié et affiché en cette Ville de Paris, et par-tout où besoin sera. Fait en Parlement, toutes les Chambres assemblées, le trente Mars mil sept cent soixante-seize.

Signé LEBRET.

LETTRE

Du Révérend père Policarpe, Prieur des Bernardins de Chésery, à M. l'Avocat-général Séguier.

J'AI lu, Monsieur, avec admiration, votre éloquen plaidoyer contre cette abominable et détestable Brochure des *Inconvéniens des Droits Féodaux*. Je tremblois pour le plus sacré de nos droits Seigneuriaux, le plus convenable à des Religieux, celui d'avoir des Esclaves. Hélas! nous avons failli à le perdre. Notre Couvent et les terres qui en dépendent étoient ci-devant enclavés dans les Etats du Roi de Sardaigne. Ce n'est que par le dernier traité de délimitation de 1760, qu'elles ont été unies au Royaume de France. Cette union est arrivée bien à propos ; si elle eût été différée de quelques années, cinq ou six mille Serfs que nous possedons dans nos terres seroient libres aujourd'hui, en vertu de l'Edit du feu Roi de Sardaigne de 1762, et nous aurions été dépouillés de nos autres droits féodaux, en vertu d'un autre Edit du même Prince du mois de Décembre 1771 (1). Il est vrai que nous aurions été indemnisés de la perte de ces droits ; mais cette indemnité n'auroit consisté

(1) Ces deux Edits ont été pleinement exécutés en Savoye. Tous les habitans de la campagne y bénissent le feu Roi de Sardaigne.

qu'à nous faire payer en argent un capital dont l'intérêt nous auroit produit, sans procès, le même revenu que nous tirons de nos Vassaux avec le secours des Procureurs et des Huissiers, et nous n'aurions point été dédommagés du plaisir de commander en maîtres à six mille Esclaves; nous ne jouirions pas de la consolation de ruiner toutes les années une vingtaine de familles, pour apprendre aux autres à nous obéir et à nous respecter.

J'avois lu, dans votre historien Mezeray, ces paroles qui vous feront fremir : « La liberté de cette noble Monarchie est si grande, que même son air la communique à ceux qui le respirent; et la majesté de nos Rois est si auguste qu'ils refusent de commander à des hommes s'ils ne sont libres ».

J'avois lu ces autres paroles non moins condamnables, prononcées dans l'Assemblée des Etats de Tours, par le Chancelier de Rochefort : « Vous ne doutez pas qu'il ne soit plus glorieux à nos Monarques d'être Rois des Francs que des Serfs (1) ».

J'avois lu avec douleur, dans votre nouvelle Histoire de France, « que Saint Louis s'occupa, plus qu'aucun de ses prédécesseurs, du soin d'étendre la liberté renaissante. Ce sage Monarque, ami de Dieu et des hommes, ne connut, pendant tout le cours de son règne, d'autre satisfaction que celle de faire servir son pouvoir à jetter les fondemens de la félicité publique. La misère, compagne inséparable de l'esclavage, disparut ainsi que l'oppression (2) ».

---

(1) Hist. de France par Garnier, tom. 19, p. 290.
(2) Ibid. tom. 14, p. 191.

L'acte d'autorité par lequel la Reine Blanche affranchit, pendant sa Régence, les habitans de Chatenay, malgré les Chanoines de Notre-Dame de Paris (1), ne me faisoit pas moins de peine.

J'étois effrayé d'un Arrêt rendu au quinzième siècle par le Parlement de Languedoc, portant que tout Serf qui entreroit dans le Royaume, en criant *france*, seroit dès ce moment affranchi (2).

J'avois craint jusqu'à ce jour que ces maximes et ces exemples n'autorisassent nos Esclaves à réclamer, comme nouveaux François, une liberté dont ils jouiroient s'ils étoient restés quelques années de plus Savoyards.

Mais vous me rassurez, Monsieur, vous avez très-bien prouvé que *les Droits Féodaux étoient une portion intégrante de la propriété des Seigneurs. Que nos Rois ont déclaré eux-mêmes qu'ils sont dans l'heureuse impuissance d'y donner atteinte.* Cette admirable sentence nous rassure pleinement contre les fausses et pernicieuses maximes du Chancelier de Rochefort et de vos Historiens, et contre les Arrêts surannés du Parlement de Toulouze.

Nous lisions, Monsieur, avec des larmes d'attendrissement, ces paroles si consolantes de votre plaidoyer : « Les Coutumes rédigées sous les yeux des Magistrats, et en vertu de l'autorité du Roi, ne sont que l'effet de la convention et du concert des trois ordres rassemblés qui y ont donné leur consentement, et s'y sont librement et volontairement sou-

(1) Ibid. tom. 5, p. 104.

(2) Ibid. tom 15, p. 548.

mis » ; lorsqu'un Curé qui avoit été autrefois Avocat, et qui jusques-là avoit entendu tranquillement notre lecture, nous interrompit brusquement et nous dit, que la plupart des coutumes n'étoient que des monumens d'imbécillité et de barbarie, qu'elles avoient toutes été rédigées, ou dans les Etats de Province, ou dans des Assemblées de Commissaires, à la pluralité des voix, et que par conséquent les ignorans avoient toujours prévalus sur le petit nombre des sages. Il nous dit que tous les Jurisconsultes qui ont de la célébrité, attestent que c'est ainsi que les coutumes ont été rédigées ; il nous cita le fameux Charles Dumoulin, qui dit : « Que les coutumes ont été rédigées contre l'intention des Rois, en ce que la plupart sont obscures, contradictoires, iniques (1). Il nous cita d'Argentré, l'un des Commissaires qui avoient assisté à la rédaction de la coutume de Bretagne, lequel, dans la préface de son Commentaire sur cette coutume, avoue que l'avis des ignorans prévalut presque toujours sur celui des Jurisconsultes humains et instruits. Il nous cita aussi le tit. 14 du liv. 4 du Traité des Fiefs de Cujas, où l'on trouve ces paroles : *multa sunt in moribus galliæ dissentanea, multa sinè ratione.* Il ajouta que les habitans des campagnes sur lesquels tombe tout le poids des Droits Féodaux, n'avoient jamais été appellés à la rédaction des coutumes, et qu'il n'est pas vrai, par conséquent, qu'ils s'y soient volontairement soumis.

Après nous avoir étalé toutes ces autorités et beaucoup d'autres encore, ce Curé nous dit qu'il suf-

(1) Tome 2, p. 593, édition de 1681.

fisoit d'ouvrir les coutumes pour se convaincre de la vérité qu'il soutenoit.

Je lui répondis que ces auteurs avoient été soupçonnés d'hérésie, et que l'avis d'un Avocat général étoit une autorité bien supérieure aux témoignages des Cujas, des Dumoulin, des d'Argentré, etc etc.

Vous ne sauriez croire, Monsieur, combien de personnes dans les Provinces pensent comme ce Curé. « Une espèce de frénesie, pour me servir de vos propres termes, semble agiter ces esprits turbulens que l'amour de la liberté porte aux plus grands excès, et qui leur fait envisager le bonheur dans la subversion de toutes les règles et de tous les principes ».

Les insensés qui pensent rendre heureux les habitans des campagnes en proposant à l'administration de les affranchir de l'esclavage de la glèbe, de leur permettre de racheter des droits qui sont une source continuelle de procès, lesquels causent souvent la ruine des Seigneurs et des Vassaux.

Il étoit tems de sévir contre ces auteurs audacieux; « semblables à des volcans qui, après s'être annoncés par des bruits souterreins et des tremblemens successifs, finissent par une éruption subite, et couvrent tout ce qui les environne d'un torrent enflammé de ruines, de cendres, et de laves qui s'élancent du foyer renfermé dans les entrailles de la terre ».

Que ce morceau est sublime ! je n'ai jamais rien lu d'approchant dans les plaidoyers du Chancelier d'Aguesseau.

Nous vous devons, Monsieur, une éternelle reconnoissance pour avoir déféré à la vengeancé des loix un écrit aussi pernicieux que celui contre lequel vous vous êtes élevé. Il étoit bien juste assurément de faire brûler, par le Bourreau, au pied du grand escalier, cette Brochure capable d'échauffer le peuple et de le porter à la révolte, cet écrit qui renverse les principes fondamentaux de la Monarchie, puisqu'il détourne les Vassaux de plaider avec leurs Seigneurs; qu'il conseille aux uns et aux autres de se concilier, et de convenir de gré à gré du prix de l'affranchissement des Droits Féodaux, qui sont une source intarissable de procès. Tout le monde sait que ces procès sont les plus difficiles, les plus compliqués, les plus obscurs de tous; mais ce sont eux aussi qui procurent aux Juges les plus fortes épices. La bonne moitié des procès roule sur des Droits Féodaux. Supprimez ces droits, vous supprimez net la moitié des procès. Vous paroitriez soulager les Juges; mais vous les dépouilleriez d'une partie de leur considération et de leurs meilleurs revenus. Vous ruineriez les Procureurs, les Greffiers, les Commissaires à terriers, tous gens fort nécessaires à l'Etat; ils servent les Tribunaux, les Tribunaux doivent donc les protéger.

Proposer la suppression des Droits Féodaux c'est encore attaquer particulièrement la propriété de Messieurs du Parlement, dont la plupart possèdent des Fiefs. Ces Messieurs sont donc personnellement intéressés à protéger, à défendre, à faire respecter les Droits Féodaux. C'est ici la cause de l'Eglise, de la Noblesse et de la Robe Ces trois ordres, trop souvent opposés l'un à l'autre, doivent se réunir contre l'ennemi commun. L'Eglise excommuniera les Auteurs qui prendront la défense du peuple ; et le Parlement, pere du peuple, fera brûler et Auteurs et Ecrits, et par ce moyen ces Ecrits seront victorieusement réfutés.

Si quelqu'insolent osoit publier que tous Messieurs du Parlement qui possèdent des fiefs doivent s'abstenir de juger les Ecrits et les Procès concernant les Droits Féodaux, parce que c'est leur propre cause, et qu'on ne peut être à la fois partie et juge, on lui répondroit que Messieurs du Parlement sont en possession de juger les causes féodales, que c'est là un des privilèges de leurs offices, une loi fondamentale à laquelle le Roi même *est dans l'heureuse impuissance de donner atteinte.* Si l'insolent ne se rendoit pas à l'évidence de ces raisons, on pourroit faire brûler son mémoire, et décréter, en tant que de besoin, sa personne de prise de corps.

On nous dit que dans la patrie de Ciceron, où le pouvoir de juger n'étoit attaché, ni à un certain état, ni à une certaine profession, il étoit permis à tout plaideur de récuser le Juge qu'il croyoit suspect, sans même être obligé de prouver la suspicion, *sors et urna dant Judices : licet exclamare : hunc nolo.* Cette liberté de récuser ses Juges subsista encore sous les Empereurs, comme je l'ai remarqué dans une loi du Code, rapporté dans un ancien Factum qui m'est tombé par hasard sous la main (1).

Mais les loix des Velches sont bien plus raisonnables que celles des Romains. Le Juge révocable

---

(1) Ordonnance de 1667, tit. 24, art. 11.

d'une Justice de village peut, en France, juger en première instance les causes féodales de son Seigneur (1).

Un Conseiller au Parlement, possesseur de fief, peut donc aussi juger en dernier ressort la cause féodale d'un autre Seigneur.

Il est vrai qu'une Ordonnance de Louis XIV (2) statue que le Juge est récusable s'il a en son nom un procès sur une question semblable à celle dont il s'agit, entre les parties qui plaident devant lui, parce que si le Juge, possesseur de fief, n'a pas actuellement un procès au sujet des droits de son fief, avec ses Vassaux, il peut l'avoir dans la suite, ou que plutôt intéressé à donner gain de cause aux autres Seigneurs qui plaident devant lui, il établit une jurisprudence qui, en confirmant leurs droits, confirme les siens propres, et détourne ses Vassaux de les contester.

Mais ce raisonnement n'est que captieux; l'usage est le plus sûr interprête des loix, et l'usage de Messieurs du Parlement les autorise à être juges et parties dans les causes féodales, comme vous le prouverez, Monsieur, avec votre éloquence ordinaire, dans votre premier Réquisitoire.

Je suis avec la profonde vénération, etc.

---

(1) Tit. 24, art. 5.

(2) Licet enim imperiali numine judex delegatus est, tamen quia sine suspicione omnes lites procedere nobis cordi est, liceat ei qui suspectum judicem putat eum recusare. Loi XVI, au code tit. *De judiciis.*

F I N.

www.ingramcontent.com/pod-product-compliance
Ingram Content Group UK Ltd.
Pitfield, Milton Keynes, MK11 3LW, UK
UKHW022117190726
13855UKWH00003B/921

9 782013 487528